KB123166

청년이여,
마르크스를
읽자

마르크스에게서 20대의 열정을 배우다

WAKAMONOYO MARUKUSUWO YOMOU

written by Tatsuru Uchida and Yasuhiro Ishikawa

Copyright ⓒ Tatsuru Uchida and Yasuhiro Ishikawa 2010

All rights reserved.

Original Japanese edition published in Japan by Kamogawa Shuppan Co., Ltd..

This Korean edition is published by arrangement
with Kamogawa Shuppan Co., Ltd., Through Iyagi Agency, Seoul.

이 책의 한국어판 저작권은 이야기 에이전시를 통한
저작권자와의 독점계약으로 갈라파고스에 있습니다. 저작권법에 의해 한국 내에서
보호를 받는 저작물이므로 무단전재와 복제를 금합니다.

청년이여, 마르크스를 읽자

마르크스에게서 20대의 열정을 배우다

우치다 타츠루 · 이시카와 야스히로 지음 / 김경원 옮김

갈라파고스

차례

'마르크스주의'란 무엇인가,
『독일 이데올로기』

■ 일러두기
두 저자가 인용한 마르크스 저작의 일본어판은 서로 다르다. 그 서지사항은 「이 책에
나오는 마르크스의 저작」에 밝혀두었다.

한국어판 서문

한국의 독자 여러분, 안녕하세요. 우치다 타츠루입니다. 이번에 이시카와 선생과 제가 함께 엮은 『청년이여, 마르크스를 읽자』를 구입해주셔서 감사합니다. 개중에는 아직 구입은 하지 않고, 서점에서 책장을 넘겨보기만 한 분도 있겠지만, 이 또한 인연이라 여기고 하다못해 「서문」만이라도 꼭 읽어주십시오.

어째서 이런 책을 집필하게 되었는가? 그 사정은 「들어가는 말」에서도 자세하게 밝혀두었습니다만, 말할 것도 없이 이 책을 내는 가장 큰 이유는 일본의 젊은이들이 마르크스를 더 이상 거들떠보지 않기 때문입니다.

마르크스의 책들은 1920년대부터 1960년대까지 약 40년 동안, 일본에서 인텔리겐치아(또는 자칭 인텔리겐치아)들에게는 꼭 읽어야 하는 필독서였지요. 정치나 경제는 물론이고, 문학이나 연극, 음악 같은 분야에 대해 논의하더라도, 마르크스는 꼭 참조해야 할 레퍼런스였습니다. 마르크스와는 정반대의 정치적 의견을 피력하는 사람들조차 '왜 나는 마르크스의 주장을 거부하는가?' 하는 입장을 반드시 밝혀야 한다는 책임을 피해갈 수 없을 정도였으니까요.

한국의 젊은이들에게는 좀 생소한 사실이겠지만, 일본에서 오랫동안 정권을 잡은 보수 여당 자유민주당(자민당)에는 1960년대까지만 해도 '공산당 당원 전력'이 있는 사람이 상당수를 차지했습니다. 저의 장인어른도 그런 분인데요. 1930년대 공산당의 지하 활동가였던 장인어른은 전후 자민당에서 대변인으로 있을 때 옛날 동지들을 많이 만났다고 합니다. 장인어른은 결코 예외적인 인물이 아닙니다. 청년기에 마르크스주의적인 정치 활동에 참여하기도 하고, 거기에 동조하기도 했던 사람들이 1960년대까지는 일본 사회의 정치, 경제, 행정 등에서 중추적 세력을 형성하고 있었던 것입니다.

따라서 '청년이란 마르크스를 읽는 사람'이라는 인식이 일본에서는 오랫동안 하나의 상식으로 통했습니다. 청년기에 마르크스를 읽고 나서 천황주의자가 된 사람도, 불교에 심취한 사람도, 자본가로 변신한 사람도 있었습니다. 마르크스를 읽고 나서 마르크스주의자가 된 사람보다 마르크스를 읽고 나서 천황주의자가 된 사람이 이데올로기적인 굴절을 심하게 겪은 만큼, 오히려 더 '성숙한 어른답다' 고 여겨지기도 했습니다.

좀 이해가 안 가는 말이지요? 죄송합니다.

하지만 일단 '막다른 끝' 까지 가보고 나서 '돌아온' 사람이 처음부터 '거기' 에 있던 사람보다 자신이 무슨 일을 하고 있는가에 대한 의미를 잘 이해하고 있다는 것은 경험적으로 볼 때 확실합니다. 젊을 때 '노세노세 젊어 노세' 하며 무절제하게 향락을 즐기던 사람이 어느 날 갑자기 "땀을 뚝뚝 흘리며 일하는 것이 얼마나 소중한지요……" 하고 말하면, 뭔가 진지함이 더 돋보이잖아요.

그런 점에서 역설적인 이야기가 됩니다만, 일본에서 마르크스주의는 '마르크스주의자를 만들어내기 위한' 사상이 아니었습니다. 오히려 '성숙한 어른' 을 만들어내는 데 주도권을 휘둘러온 앎〔知〕이었다고 봅니다.

젊을 때 마르크스를 읽고 '피가 끓어올라, 사회를 철저하게 인간적인 것으로 바꾸어야 한다' 고 믿었던 젊은이는 그 뜻이 좌절되는 경험을 통해, '사회를 철저하게 인간적인 것으로 바꾸려고' 애쓰는 인간이 하는 일이 '별로 인간적이지 않다' 는 것을 학습합니다. 왜냐하면 이제까지 역사가 보여준 것에 따르면, '철저하게 인간적으로 사회를 바꾸자' 고 외친 정치 운동은 거의 예외 없이 숙청과 강제수용소를 통해 스스로의 이념을 실현하려고 했기 때문입니다.

청년 시기에 마르크스를 배우고 마르크스주의의 실천 운동과 조금이라도 관계가 있었던 사람들은, '인간적이고 공정한 사회를 지금 당장 여기에서 실현하기에 인간은 너무 약하고 너무 사악하며 너무 비열하다'는 것을 몸소 체험합니다. 이것은 아주 귀중한 경험적 앎입니다.

그뿐만이 아니지요. 그들은 그런 인간을 '용서하는' 것도 배웁니다(그들 자신이 정도의 차이는 있어도 비슷한 종류의 인간이었기 때문입니다). 오랫동안 일본에서 '마르크스를 읽는' 행위가 청년의 성장과 의식화의 필수 단계로 여겨져온 것은 바로 그런 이유 때문입니다.

그러나 꽤 오래전에 그런 습관은 사라졌어요. 1980년대 이후부터라고 해야겠지요.

젊은이들이 마르크스를 읽는 습관을 잃어버리게 되기까지 여러 가지 역사적 이유가 있다는 것을 알기 때문에 거기에 대해서는 '그야 어쩔 수 없는 일이지' 하고 받아들이는 편입니다. 여하튼 청년들이 마르크스에 관심을 잃어버린 가장 큰 이유는 일본이 경제 성장에 성공하여 부자 나라가 되었다는 것입니다. 주변을 둘러보더라도, '곧바로 래디컬하게 개혁하지 않으면 안 되는 비인간적인 수탈'을 목도할 기회는 크게 줄어들었으니까요.

마르크스주의에 사람들이 매혹당한 가장 큰 동기는 '가난한 사람들, 배를 곯는 사람들, 수탈당하는 사람들, 사회적인 불의를 견디는 사람들'에 대한 우리 자신의 '양심'입니다. 고통에 시달리는 사람들이 버젓이 곁에 있는데 자기는 '편하게' 지내고 있다는 불공평함에 대해 죄의식을 느끼게 되고, 거기에서 '공정한 사회를 실현하지 않으면 안 된다'는 강한 사명감이 자라나지요. 그러나 1970년대 중반에 들어서면 그러한 '양심'의 괴로움을 느낄 만한 대상이 우리 시야에서 사라지고 맙니다. 아마도 마지막으로 일본 인에게 '양심의 고통'을 느끼게 한 것은 베트남 전쟁 때 불에 타 죽은 베트남 농민이었을 겁니다. 뉴스 화면을 보면서, 일본이 베트남 전쟁의 후방 지원 기지로서 그들의 학살에 간접적으로 가담했고, 그 덕분에 일본인은 전쟁 특수로 인한 경제적 풍요를 누린다는 사실에 부끄러움을 느꼈던 것이지요.

하지만 1975년 베트남 전쟁이 끝나자, 일본인은 '양심의 고통'을 느낄 만한 상대를 더 이상 찾을 수 없었어요. 그 후 처음에는 다소 미안한 듯 조심스러웠지만 나중에는 여봐란듯이, '우리는 이렇게 잘 살고 있다! 이렇게 풍요를 누리고 있다! 이렇게 쾌적한 생활을 하고 있다!'면서 자랑스럽게 떠들게 되었습니다.

이런 사회에서 누가 마르크스를 읽겠어요?

그렇게 해서 일본인은 마르크스를 읽는 습관을 잃고, 그와 동시에 성숙해지기 위해 거쳐야 하는 필수 코스 중 하나를 상실했어요. 그로부터 30년이 지난 오늘날, 인간적 성숙을 위한 훈련의 기회를 잃어버린 일본인은 고개를 못 들 정도로 미숙한 국민이 되었습니다.

단적으로 말해 돈을 갖는 것, 높은 지위에 오르는 것, 호화로운 집에 사는 것, 비싼 옷을 입는 것을 자랑스럽게 여깁니다. 능력 있는 인간이 우아하게 살고, 무능하고 힘없는 인간이 길거리에서 굶어 죽는 것을 자기 책임이라고 합니다. 능력 있는 인간이 높은 품격을 인정받고, 무능한 인간이 경멸당하거나 모욕을 받는 것을 매우 적절한 결과로 받아들이고, 그것이 사회적인 정의fairness라고 공언하는 사람들이 오피니언 리더가 된 것입니다.

저는 그런 사고방식은 별로 '좋지 않다' 고 봅니다.

공동체는, 가장 연약하고 가장 힘이 없는 사람들이라도 전체 구성원의 일원으로서 자존감을 갖고 각각의 입장에서 책무를 다할 수 있게 하는 제도를 만들지 않으면 안 된다고 생각합니다. 혈연이나 지연으로 엮인 소규모의 공동체든, 국민 국가나 국제 사회 같은 거대한 공동체든 마찬가지입니다.

가장 힘없고 연약한 사람들과 함께 공동체를 만들어 운용해나가기 위해서는 아무래도 어느 정도의 '성숙한 어른' 이 꼭 필요하지요. 충분한 능력도 있고, 지혜도 갖추고 있고, 주위에서 모두들 존경과 신뢰를 보내는 사람, 나아가 자신이 갖고 있는 자원을 자기만의 이익이 아니라 주변의 힘없고 고통당하는 사람들을 위해 써야 한다고 생각하는 '성숙한 어른' 말입니다.

사회 문제란 무엇인가? 이 물음을 한마디로 압축해보면, 결국 실천적으로 '어떻게 성숙한 어른을 키워낼 것인가' 라는 문제로 수

렴됩니다. 적어도 제 생각은 그래요. 사회 전체를 한번에 전면적으로 '올바른 사회'로 바꾸는 것은 불가능합니다. 하지만 사회가 공정하고 누구에게나 선을 베푸는 것이 되어야 한다고 믿고, 이를 위해 자신이 갖고 있는 능력을 발휘하는 '성숙한 어른'의 수를 조금씩 늘려가는 것은 가능합니다.

마르크스를 읽고, 마르크스의 가르침을 실천하고자 하는 것은 (일단 근현대 일본 사회에 대해서만 말하자면), '어린애가 어른이 되는' 방법으로서 가장 성공적이었습니다. 그리고 젊은이들이 마르크스를 읽지 않게 되고 나서부터 눈에 띄게 '성숙한 어른'이 줄었습니다. 나는 이 두 가지 현상 사이에 어떤 연관성이 있다고 봅니다.

그래서 저는 '청년이여, (다시 한 번) 마르크스를 읽자'는 제안을 하고 싶습니다. 그것은 그들을 향해 '어른이 되는 길을 찾아내기를 바란다'는 말과 거의 같은 뜻입니다.

똑같은 제안이 한국의 젊은이들에게도 과연 적절할지는 잘 모르겠군요. 하지만 한국에서도, 중국에서도, 대만이나 베트남, 인도네시아에서도 사정은 일본과 그리 다르지 않다는 생각이 듭니다.

한국의 경우는 왕년에 마르크스주의자였던 정치가나 관료, 자본가가 아마 일본보다는 적을지 모릅니다. 그래서 '마르크스를 읽음으로써 성숙을 꾀할 수 있다'는 제 주장이 잘 전달되지 않을 수도 있겠지요. 하지만 세계 어떤 나라라 해도 청년들이 성숙해지기 위해서는, '힘없고 가난한 사람들에게 공감과 연민과 양심의 고통을 느끼는 단계'를 거칠 수밖에 없다는 점에서 별반 다를 바 없다고 생각합니다.

2011년 11월,
우치다 타츠루

들어가는 말

여러분, 안녕하세요. 이번에 『청년이여, 마르크스를 읽자』를 이시카와 야스히로 선생과 함께 쓰게 된 우치다 타츠루입니다. 「들어가는 말」 바로 다음에 나오는 첫 번째 편지에서 이시카와 선생님이 이 책의 출간 배경을 자세하게 써주셨고, 저 역시 첫 답신에서 어떤 책을 내고 싶었는지에 대한 제 생각을 밝혀두었습니다. 그래서 여기에서는 조금 다른 이야기를 해볼까 해요.

이 책은 젊은 사람들을 위해 쓴 마르크스 안내서입니다. '마르크스라는 이름은 잘 알지만 그가 쓴 책을 읽어보지 않은 청년들'이 우리가 상정한 독자인 것이죠. 저와 이시카와 선생님은 '초심자를 위해 어려운 내용을 잘근잘근 씹어서 설명해주는' 작업을 아주 좋아한답니다.

물론 둘 다 명색이 선생인 터라 '가르치는 일에 즐거움을 느끼는' 사람들이기도 하지만 그게 전부는 아니에요. '뭐가 뭔지 잘 모르는 사람에게 처음부터 무언가를 설명하는' 작업은 우리에게도 매우 신선한 경험이랍니다.

예를 들어 야구를 본 적도 없고 해본 적도 없는 사람에게 그 게임에 대해 설명을 해주어야 하는 상황을 떠올려보세요. 결코 만만치 않은 일이죠. 볼과 스트라이크라는 기본 단어만 예를 들어도, 거기에는 두 가지 의미가 있으니까요. "볼이라고 여겨 치지(스트라이크하지) 않고 패스해버린 볼을 심판이 '스트라이크!' 라고 외쳤다" 같은 문장을 야구를 모르는 사람이 과연 이해할 수 있을까요?(제 말이 거짓말 같으면 한번 해보세요.)

여러분도 경험이 있겠지만, 초심자가 "저 사람, 뭐 하는 거야?" 하고 물을 때, 우리는 그것이 기본적인 플레이일수록 어떻게 설명해야 할지 몰라 당황할 때가 있습니다. 야구를 전혀 모르는 사람한테 이 게임을 성립시키는 가장 기본적인 규칙을 열심히 설명하려고 하면, 어느새 "볼과 선수는 '살아 있거나' '죽거나' 둘 중 하나야", "볼은 아름답거나(페어fair) 추하거나(파울foul) 둘 중 하나야", "볼이 멈추어 있을 때는 어느 선수에게 볼이 있는가에 따라 그 때까지의 경기가 정해지는 거야" 같은 원리적인 설명을 하게 됩니다. 분명 이러한 기본 규칙의 골격 위에 그 외 부차적인 규칙의 살을 붙인 것이니까요.

곰곰이 따져보면 이 같은 기본 규칙은 모든 구기 경기(축구, 럭

비, 농구 등)에 들어맞아요. 이런 사실을 깨달을 때 우리는 구기 경기가 실은 고대에 기원을 두는 일종의 '우주론'을 놀이로 재연한 것일 가능성도 짐작해볼 수 있습니다.

초심자에게 야구에 대해 일일이 설명할 때 느끼는 어려움은 계투책[1]의 옳고 그름, 다음 타순은 강공인가 희생타인가 같은 기술적인 측면에 대해 논란을 벌일 때 느끼는 어려움과는 비교도 되지 않아요. 바닥부터 야구를 설명해야 한다는 것은 '야구'의 본질을 고찰해야 하는 차원으로 진입하는 것을 의미하기 때문입니다.

'초심자한테 기원부터 설명하는' 작업이 어째서 자극적이고 신선하다고 했는지, 그 까닭을 이제 짐작하겠죠?

우리는 마르크스의 '마' 자也도 모르는 젊은이들이 이 책을 읽으면서 "마르크스는 정말 대단한 사람이야!(그러니까 꼭 읽어보라구, 후훗)" 하는 우리의 메시지를 이해하게 되기를 바랍니다. 그러기 위해서는 '헤겔이 미끄러졌다'든가 '레닌이 굴렀다'처럼 '계투책의 옳고 그름'이나 '강공이냐 희생타냐' 같은 기술적인 이야기(즉 이야기를 하는 당사자는 그것이 가장 긴급하고 중요한 문제라고 생각하겠지만, 모르는 사람은 도통 알아들을 수 없는 이야기)는 우선 저쪽으로 치워놓고, "마르크스의 '마' 자도 모르는 사람"도 고개를 끄덕일 수 있는 '마르크스의 대단함'을 낱낱이 보여줄 생각입니다.

우리 두 사람이 '흠, 요것 참 가슴 설레는 작업인걸' 하며 주먹을 불끈 쥔 것도 당연하겠죠? 물론 막상 글을 써나가다 보면 작업이 생각보다 너무 어려운 나머지 풀썩 주저앉을 수도 있겠지만요.

여하튼 여러분도 짐작하다시피 최선을 다할밖에요. 머리가 허연 어른들이 땀을 뻘뻘 흘려가며 초심자에게 설명해주려고 아등바등하는 꼴을 보고, '저렇게까지 알아주었으면 할 정도로 마르크스는 매력적인가 보다' 하고 생각해주는 젊은이가 있다면, 그것만으로도 만족하려고 해요(이시카와 선생님은 그 정도로 성에 차지 않을지도 모르겠지만).

책방에 서서 여기까지 읽은 사람은 조금만 더 참고 15분만 투자해서 이시카와 선생님의 첫 번째 편지와 내가 쓴 답장까지 읽어보세요. 거기까지 읽고도, '뭐야, 나랑 관계없잖아?' 하는 생각이 든다면, 어쩔 수 없겠죠. 조용히 서가에 책을 도로 꽂아주세요. 하지만 '어쩐지 나하고 관계가 있을 것 같군' 하는 생각이 들면, 마음 먹고 카운터로 가서 책을 사세요. 장담하건대, 손해를 보지는 않을 거예요.

그러면 여러분, 잠시 후 본론에서 만나요.

우치다 타츠루

마르크스 수사학의 결정체, 『공산당 선언』

『공산당 선언』을 쓸 당시 마르크스는 겨우 29세였고 엥겔스는 27세였어요. 그런 젊은 나이에 이렇게 커다란 문제를 끌어안고 장대하고 대담하게 스스로 답을 찾아냈다니 (……) 저는 그러한 정신의 거대함에 전율했고, 그때까지 맛보지 못한 짜릿한 흥분마저 느꼈던 것을 기억해요. (……) '뭐가 뭔지는 잘 모르겠지만 어쩐지 대단한 세계가 내 눈앞에 열릴 것 같구나!' 이런 예감에 가슴이 두근거렸던 것이죠.

이시카와가 우치다에게

　　　　　　　　　　　우치다 선생님, 안녕하세요. 매일같이 직장에서 얼굴을 마주치고 맥주와 고량주를 마실 기회도 적지 않은 처지에, 이렇게 책상 앞에 앉아 편지를 쓰려니 쪼끔 색다른 기분이 드는군요. 우리로 말할 것 같으면, 겨울이면 해마다 나가노에 있는 오사와 온천에서 '극락極樂 스키'라는 야단스러운 여행을 하며 3박 4일 동안 같은 방을 쓰는 사이가 아닙니까. 이렇게 정색을 하고 편지를 쓰려니 어색해서 원……. 그래도 이 책을 엮어내려면 마음을 가다듬고 편지를 써야 하겠지요.

　　제가 블로그에 올린 글을 다시 읽어보니 가모가와 출판사의 마쓰타케 씨와 우치다 선생님을 뵙기 위해 학장실로 찾아간 것이 2008년 11월 6일이군요. 그때가 이 책을 위해 회의다운 회의를 한 처음이자 마지막이 아닌가 싶습니다. 또 지나간 메일을 들추어 보니, 제가 이 책을 함께 쓰자고 우치다 선생님의 의사를 타진한 것이 10월 15일, 그러니까 마쓰타케 씨와 신오사카에 있는 불고기 집에서 맥주를 마시고 난 다음 날입니다.

그때 제가 쓴 메일을 기억하세요?

제목: 출판에 관한 건(이시카와 드림)

가모가와 출판사에서 일하는 친구와 어제 저녁(10월 14일) 술을 마셨습니다. 취하기 전 제정신일 때 그 친구는, "『푸코, 바르트, 레비스트로스, 라캉 쉽게 읽기』(원제는 『침대에서 읽는 구조주의』, 도서출판 갈라파고스 출간)에서 우치다 선생님이 말씀하신 마르크스주의에 대한 이해나 비판을 아주 재미있게 읽었는데 말이지 (……) 우치다 선생님하고 당신이 함께 대담집을 엮으면 어떨까? 테마는 '마르크스주의를 어떻게 볼 것인가' 정도로 해두고……" 이런 이야기를 하면서 슬쩍 운을 뗐습니다.

그러길래 저는, "선생님은 다른 곳에서도 출판 일이 상당히 밀려 있을 텐데 (……) 하지만 만일 자네 말대로 한다면, 대담이라기보다는 내가 우치다 선생님을 인터뷰하는 식으로 엮는 것이 더 재미있지 않을까?" 하는 말을 건넸지요.

결국 출간 시기는 구체적으로 정하지 않은 상태에서, 첫째, 이시카와와 함께 쓰는 책으로, 둘째, 테마는 마르크스주의로 하자(물론 자유롭게 이야기해도 좋음)라는 기획을 세웠는데요, 우치다 선생님께서는 구미가 당기는지 궁금합니다.

이런 메일을 드렸더니, 바로 한 시간 20분 뒤에, 그러니까 간 발의 차이로 선생님께서 아래와 같은 답장을 주셨어요.

제목: 글쎄요……(우치다 드림)

이시카와 선생과 내가 마르크스 이야기를 한다는 생각은 몹시 엉뚱한 기획이라서 재미있을 것 같군요.

젊은 독자한테 다짜고짜 "글쎄, 군말 말고 마르크스를 한번 읽어 보라니까!" 하는 식으로 권유한다면 교육적으로 별 효과가 없겠지요.

『독일 이데올로기』나 '프랑스 삼부작'을 한 권씩 다루어가면서 '여기가 뽀인뜨라구!' '바로 이거라니까!' 하는 점을 둘이서 어깨에 힘 쫙 빼고 슬슬 풀어간다면 어떨까요?

이렇게 얘기가 되고 나서, "그러면 편집자하고 한번 셋이서 얘 기를 해봅시다" 하여 만난 날이 아까 말씀드린 11월 6일이었습니다.

기억하고 계신지요? 그날 학장실 책상 위에 일본도가 몇 자루 놓여 있었지요. "이게 다 뭔가요?" 하고 여쭈었더니 우치다 선생님 은 칼을 한 자루 뽑아 드셨어요. "연습용이라 날은 서 있지 않아요" 하면서 무서운 표정의, 평소에 뵙지 못하던 모습이었습니다. 아마 도 무사 집안 출신이신 우치다 선생님의 기품이 은연중에 드러난 것이었겠지요? 제 가슴 쪽으로 칼을 스윽 들이미신 그 순간 저는 속으로 벌벌 떨면서 새삼스레, '흠, 이 분은 역시 위험인물이야' 하는 것을 느꼈더랬습니다(웃음).

그날은 대강 우치다 선생님께서 주로 들려주신 말씀을 바탕으로, '둘이서 주고받은 편지를 엮어서 책을 만들자'는 기본 작전(!)을 정했어요. 또 편지에서 화제로 삼을 마르크스 등의 문헌에 대해서도 이것저것으로 하자는 얘기가 나왔지요. 『공산당 선언』을 비롯하여 『자본론』으로 끝나는 장대한 계획도 단 몇 분 만에 스리슬쩍 정해진 듯합니다. 그날 결정한 여러 내용 중에는, '첫 번째 편지는 이시카와가 쓰기로 한다', '시작은 아무 때나 해도 좋다'는 것도 있었지요. 이날 모임에서는 '일본도가 가슴으로 스윽! 하는 바람에 속으로 위험인물임을 재확인'한 것을 비롯해, 모임 시간은 길게 잡아도 30분이 채 안 되었어요. 그 다음은 대체로 '닥치는 대로', '사정을 봐가면서' 해나가는 식이었지요.

그렇기 때문에 저는 이 첫 번째 편지에서 먼저 『공산당 선언』을 재료로 삼아, '마르크스가 얼마나 재미있다구!' 하는 것을 써야 합니다. 흐음, 이렇게 해서 잘 될까요? 뭐, 그래도 해보는 수밖에요.

『공산당 선언』은 정당의 강령

『공산당 선언』(『공산당 선언 · 공산주의의 제 원리』, '과학적 사회주의의 고전 선서'. 이하 인용은 이 책에서 함)의 책장을 넘겨보니, 이 책이 23쪽밖에 안 되는 소책자 형태로 처음 인쇄된 것이 1848년 2

월 말이었다고 「해설」에 씌어 있군요. 이 글은 처음부터 공산주의자 동맹이라는 단체의 강령이었지, 학자들이 쓰는 일반 연구서나 해설서는 아니었습니다. 그래서인지, 초판 책자에는 마르크스와 엥겔스라는 저자의 이름도 실려 있지 않았고, 저자를 밝힌 것은 1850년이었다고 합니다. 공산주의자 동맹은 사실상 세계 최초의 공산당에 해당하므로, 『공산당 선언』은 세계 최초의 공산당 강령인 셈이겠지요.

강령이란 말은 일상생활에서 잘 쓰이지 않는데요. 그것은 정당이나 노동조합 같은 단체가 자신들의 활동 목표나 그것을 달성하는 사업 방침 등을 명시한 가장 기본적인 문서를 뜻합니다. 다시 말해 『공산당 선언』이란 공산주의자 동맹에 참가하는 구성원들에게, "여러분, 지금 이 사회에는 이런 문제가 있습니다. 그러니까 이런 식으로 개혁 운동을 벌여나갑시다! 그러기 위해서는 우리가 이런 방법으로 활동하는 것이 어떻겠습니까?" 하는 이야기를 정리해 문서화한 글입니다.

마르크스와 엥겔스는 1847년 모스라는 인물의 추천을 받아 이 동맹에 가입했습니다. 동맹에서는 그해 6월에 열린 제1회 대회(엥겔스 참석)와 11월에 열린 제2회 대회(마르크스와 엥겔스 참석)—둘 다 런던에서 개최—에서 강령 내용에 대해 상당히 오랫동안 논의를 거듭했습니다. 그리하여 제2회 대회에서는 논의의 결과를 마르크스와 엥겔스에게 문서로 작성할 임무를 맡기기로 결정하죠. 다만, 당시 마르크스는 브뤼셀에, 엥겔스는 파리에 살고 있었기 때문에 마르크스가 대표로 집필하기로 했어요. 마르크스는 그전에 엥겔스가 집필한 『공산주의의 제 원리』(1847) 등을 참조하면서 독일어로 이 글을 써냈습니다.

『공산당 선언』은 처음에 동맹원들을 위해 백 몇십 부만 인쇄했으나, 나중에 세계 각지에서 번역, 출간되어 마르크스의 저작 가운데 오늘날 가장 널리 알려지고 많이 읽히는 글이 되었어요. 일본에도 숱한 번역이 나와 있는데, 최초의 번역은 1904년 《평민신문》에 실린 것(3절 생략)이라고 합니다.

『공산당 선언』의 성격을 이렇게 파악해두면, 이 책 앞머리에 실려 있는 문장의 뜻이 머릿속에 쏘옥 들어옵니다.

"유령 하나가 유럽을 어슬렁거리고 있다―공산주의라는 유령이. 구유럽의 모든 권력이 이 유령을 잡아들이려고 신성 동맹을 맺었다." "지금이야말로 공산주의자들은 자신들의 관점, 목적, 의지를 전 세계에 공표함으로써 공산주의의 유령이라는 허무맹랑한 전설에 당 스스로의 선언으로 맞서야 한다." "이러한 목적을 위해 지극히 다양한 국적의 공산주의자들이 런던에 모여 다음과 같은 선언의 기초를 마련했다. 그것은 영어, 프랑스어, 독일어, 이탈리아어, 플랑드르어 및 덴마크어로 출간될 것이다." (앞의 책, 47쪽)

마르크스와 더불어 살아오다

이제 본론으로 들어가지요. 이 책은 다음과 같은 네 개의 절로 이루어져 있어요.

Ⅰ. 부르주아와 프롤레타리아―부르주아는 자본가, 프롤레타리아는 노동자를 가리키는데, 여기에서는 양자의 관계가 어떠한가를 중심으로 '근대 부르주아 사회'(당시 마르크스는 아직 자본주의라는 용어를 사용하지 않았어요)의 체제나 역사, 또 프롤레타리아 혁명(공산주의 혁명)의 필연성 등을 서술하고 있습니다.

Ⅱ. 프롤레타리아와 공산주의자들―여기에서는 '공산주의자는 프롤레타리아 일반에 대해 어떤 관계를 맺고 있는가?'에서 시작하여 공산주의 운동의 목적이나 공산주의 사회란 무엇인가를 이야기하고 있습니다.

Ⅲ. 사회주의 문헌 및 공산주의 문헌―이 부분에서는 사회주의나 공산주의라고 불리는 다양한 조류에 대해 비판하고 있습니다. 이 대목을 읽으면 마르크스나 엥겔스가 본격적으로 논단이나 운동의 세계에 등장하기 이전에도 이미 수많은 사회주의자나 공산주의자가 있었다는 것을 알 수 있습니다. 그렇기 때문에 사회주의자나 공산주의자들은 너무나 많은 얼굴을 한 정체불명의 '유령'으로 취급받았습니다.

Ⅳ. 각종 반정부당에 대한 공산주의자들의 입장―여기에서는 공산주의자가 아닌 반정부당이나 혁명당에 대해 공산주의자의 당

이 어떠한 태도를 취할 것인가를 논합니다.

아 참, 오해를 피하기 위해 말씀드리지만, 저는 마르크스 사상의 발전이나 그 체계, 혹은 그들이 살던 시대나 그들의 사상 등을 직접 연구한 적은 한 번도 없습니다. 그런 의미에서 저는 마르크스의 독자이자 마르크스 등에 대한 전문 연구서를 읽는 독자이기는 하지만, 전문적인 마르크스 연구자는 아니에요.

저는 젊은 시절부터 마르크스 서적을 읽어왔고, 특히 인간 사회의 구조나 역사를 파악하는 방법론인 사적유물론에 특히 매력을 느꼈기 때문에, 의식적으로든 무의식적으로든 마르크스의 영향이 몸에 배어 있겠지요. 또한 『자본론』을 포함한 경제학 체계에 대해서도 무릎을 탁 치며 받아들인 부분이 말할 수 없이 많아요. 그렇지만 어디까지나 마르크스는 제가 무언가를 연구하고자 할 때 '재미있는 시각'을 제공해주는 참조항일 뿐이에요. 마르크스는 현대 경제나 정치, 여성의 지위나 가족, 저출산 문제 같은 사회적 문제를 생각하는 데 중요한 힌트를 제공해주지요. 현대 사회의 문제를 해명하기 위해서는 구체적이고 현재적인 사안에 개입하는 수밖에 없으니까요.

덧붙이자면 이런 식으로 마르크스와 더불어 사고하는 것 자체가 마르크스를 흡수하는 제 나름의 방식일지도 몰라요. 이 책에서 앞으로 몇 번이나 등장할 마르크스의 유물론 철학에서는 이론을 현실 세계와 동떨어진 것으로 파악하는 사고를 신랄하게 비판하고 있으니까요.

에구, 아직도 본론으로 들어가는 문턱을 못 넘었네요.

거대한 정신에 전율하면서

제가 『공산당 선언』을 처음 읽은 것은 1975년 리쓰메이칸 대학에 입학한 직후예요. 학생이었을 당시에는 수업이 없는 자투리 시간에 베버, 케인스, 마르크스 등을 탐독하고 이러쿵저러쿵 토론을 일삼는 공부 스타일을 당연하게 여겼어요. 선배들이 논의하는 것을 들으며—물론 모르는 것투성이였지만—가장 충격을 받은 것은 사회 체제나 역사를 통째로 파악하고자 하는 마르크스의 대담하고 통 큰 정신이었어요. 그때까지 저는 그렇게 넓은 시야를 가지고 문제를 설정하는 대담한 정신의 소유자를 본 적이 없었으니까요.

실은 만년의 엥겔스는 이런 점이 『공산당 선언』의—우치다 선생님이 메일에 쓰신 말씀을 빌리자면— '뽀인뜨' 라는 것을 지적하고 있어요.(「1883년 독일어판 서문」)

"『공산당 선언』을 관통하는 기본 사상, 즉 ① 역사의 어느 시대라도 경제적 생산 및 거기에서 필연적으로 발생하는 사회적 편성이 그 시대의 정치적 및 정신적 역사의 기초를 이룬다는 것, ② 따라서 (태곳적 토지 공유가 붕괴한 이후) 모든 역사는 계급투쟁의 역사, 즉 사회 발전의 여러 단계에서 착취당하는 계급과 착취하는 계급, 지배당하는 계급과 지배하는 계급 사이의 투쟁의 역사라는 것, ③ 그러나 이 투쟁은 지금 착취당하고 억압당하는 계급(프롤레타리아트)이 착취와 억압 및 계급투쟁으로부터 사회 전체를 영구적으로 해방하지 않고서는 착취하고 억압하는 계급(부르주아지)으로부터 자신을 해방할 수 없는 단계에 도달했다는 것, 이 기본 사상은 단한 사람, 오로지 마르크스에게서 나왔다."(앞의 책, 13~14쪽, 숫자는 이시카와가 붙임)

①에서는 '어느 시대라도 역사에서' 인간 사회의 '기초를 이루는' 것은 경제를 기본으로 한 관계라는 점을 단적으로 서술하고, ②에서는 계급 사회로 진입한 이후 '모든 역사'의 원동력은 '계급투쟁'이었다고 말합니다. 그리고 ③에서는 그런 전제 위에서 오늘날 '부르주아 사회'에서 벌어지는 계급투쟁의 양상, 그 싸움의 역사적 의의를 이야기합니다. 이것이 이 책에서 계속 나오는 '사적유물론'인데, 앞에 인용한 엥겔스의 이 문장은 그것을 정식화한 것 중 하나라고 할 수 있어요.

『공산당 선언』을 쓸 당시 마르크스는 겨우 29세였고 엥겔스는 27세였어요. 그런 젊은 나이에 이렇게 커다란 문제를 끌어안고 장대하고 대담하게 스스로 답을 찾아냈다니……. 대학에 갓 입학한 저는 그러한 정신의 거대함에 전율했고, 그때까지 맛보지 못한 짜릿한 흥분마저 느꼈던 것을 기억해요. 뭐라고 할까요……. '뭐가 뭔지는 잘 모르겠지만 어쩐지 대단한 세계가 내 눈앞에 열릴 것 같구나!' 이런 예감에 가슴이 두근거렸던 것이죠. 다시 읽어보니 이 '기본 사상'의 내용은 특히 'I. 부르주아와 프롤레타리아'에 집중되어 있는 듯해요. 읽기 시작해서 맨 처음 대목부터 가슴이 떨렸거든요. 지금까지 저에게는 거기가 바로 '뽀인뜨 중의 뽀인뜨'랍니다.

젊은 시절에 쓴 저작이라서 그런지, 나중에 써낸 저작에 비하면 불충분한 곳이 있다고 생각해요. 특히 마르크스의 경제 이론이 이 단계에서는 거의 등장하지 않는다는 점이 눈에 띄는데요. 그것이 부르주아와 프롤레타리아의 관계나 '부르주아 사회'의 구조를 이야기하는 데 커다란 제약(불충분함)으로 작용한다고 봐요. 하지만 그 점에 대해서는 후기 저작을 다룰 때 다시 언급할 기회가 있을 거예요.

공산주의 혁명이란 무엇인가

다음으로 제가 두 번째 '뽀인뜨'로 꼽는 공산주의 혁명론을 몇 가지 소개할게요.

① 노동자의 정치권력 획득

"공산주의자들의 당면 목적은 (⋯⋯) 즉 프롤레타리아트가 계급을 형성하고 부르주아지의 지배를 전복하여 프롤레타리아트가 정치적 권력을 획득하는 것이다."(앞의 책, 72쪽) "노동자 혁명의 첫걸음은 프롤레타리아트를 지배 계급으로 고양시키는 것, 민주주의를 쟁취하는 것이다."(앞의 책, 84쪽)

— 다시 말해 '공산주의자의 당면 목적'은 우선 정치권력을 획득하는 것입니다. 요즘 식으로 말할 것 같으면, 정권을 차지하여 관료 기구를 비롯한 관계 기관 구석구석까지 그 힘을 미치게 한다는 것인데요. 당시 노동자들의 운동에는 그다지 정치에 관심이 없는 사람도 속해 있는가 하면, 반대로 정부—예를 들면 당시 독일에는 아직 부르주아 혁명 이전의 정치 양식이 남아 있었는데—와의 동맹을 기대하는 사람도 속해 있었어요. 그런 정황을 고려하면, 여기에서 프롤레타리아트(노동자 계급)가 정치권력을 쥐어야 할 필요성을 주장하는 『공산당 선언』의 사상은 매우 독창적이었죠.

② 정치 혁명과 사회 혁명

"공산주의의 특징은 소유 일반을 폐지하는 것이 아니라 부르주아적 소유를 폐지하는 것이다." "이런 의미에서 공산주의자들은 자신들의 이론을 하나의 표현으로 집약할 수 있다—사적 소유의 폐지가 그것이다."(앞의 책, 73쪽) "프롤레타리아트는 부르주아지로부터 모든 자본을 하나씩 하나씩 탈취하여 모든 생산 수단을 국가의 손에, 즉 지배 계급으로서 조직된 프롤레타리아트의 손에 집중시켜 (……)."(앞의 책, 84쪽)

─혁명의 '첫걸음'으로서 정치권력을 획득한 공산주의자는 그 다음 사회의 개혁으로 나아가야 해요. 즉 정치 혁명과 그것을 지렛대로 삼아 행해지는 사회 혁명을 구분하고 있지요. 사회 혁명의 근본은 부르주아지(자본가 계급)가 소유한 기계나 공장 같은 생산 도구를 생산자 자신인 노동자 계급의 손으로 옮겨 놓는 일이에요. 사회의 '기초'를 이루는 경제의 개혁을 통해 사회 전체에 개혁을 불러일으킨다는 것이죠. 또한 여기에서 '사적 소유의 폐지'라는 말이 나오는데, 나중에 『자본론』 제1부(1867)에서는 생산 수단=사회적 소유, 생활 수단=개인적 소유라고 하여 두 가지 소유를 구별하여 이야기하게 됩니다.

③ 공산주의 사회란 무엇인가

"발전 과정에서 계급의 차이가 소멸하고 모든 생산이 연합한 개인들의 손에 집중되면 공적 권력은 정치적 성격을 잃는다. 본래 정치권력이란 하나의 계급이 다른 계급을 억압하기 위해 조직한 강제적 힘을 말한다."(앞의 책, 86쪽)

─이리하여 생산 도구가 프롤레타리아트의 손으로 옮겨지고, 나아가 생산 활동이 부르주아와 프롤레타리아의 구별이 없는 '연합한 개인들'에게 속하게 된다는 것은, 사회를 계급으로 분열시키는 경제적인 기반이 사라진다는 뜻이에요. 이때 일어나는 변화는 정치 분야에도 영향을 미쳐, 공적 권력으로 부르주아지가 프롤레

타리아트를 억압한다는 의미의 '정치적 성격'이 사라집니다. 이 단계에 도달한 인간 사회의 특징을 마르크스는 다음과 같이 간결하게 표현해요.

"계급 및 계급 대립이 있는 낡은 부르주아 사회를 대신하여 각 개인의 자유로운 발전이 만인의 자유로운 발전을 위한 조건이 되는 연합체association가 나타난다."(앞의 책)

―공산주의 사회라고 하면, 소수의 엘리트 (계급) 혹은 공산당이 국가를 장악하여 무소불위의 권력을 휘둘러 국민 전체를 계획적으로 관리하는 사회라는 이미지를 떠올릴지도 모르겠어요. 하지만 마르크스가 말하는 공산주의는 그러한 사회와 전혀 달랐어요. 그도 그럴 것이 그것은 본래적으로 국가가 사멸한 이후의 사회이기 때문이지요.

혁명의 방법과 단계에 대하여

혁명의 방법론이나 수순에 대해서도 소개할게요.

④ 혁명의 방법에 대해

"우리는 프롤레타리아트 발전의 가장 일반적인 국면을 그려냄으로써 현존하는 사회 내부에 적건 많건 숨겨져 있는 내란을 추적했는데, 공공연한 혁명으로 폭발한 이 내란은 강력한 힘으로 부르주아지를 전복시킴으로써 프롤레타리아트가 자신의 지배를 위한 기초를 마련하는 지점까지 도달했다."(앞의 책, 68~69쪽) "공산주의자들은 이제까지의 모든 사회 질서를 강제력으로 전복시킴으로써만 자신들의 목적을 달성할 수 있다는 것을 공공연하게 선언한다."(앞의 책, 109쪽)

　—여기에서 마르크스는 노동자들이 '강제력'으로 정치권력을 획득한다고 말해요. 힘으로써 쟁취한다는 것이죠. 이 문장을 근거로 공산주의자는 언제나 힘에 의한 혁명을 지향한다고 말하는 사람도 있어요. 하지만 당시 유럽의 역사적 사정을 생각해볼 때, 겨우 스위스 정도만 국민 다수의 선거를 통해 권한을 가진 의회를 선출하고 있었다는 사실을 고려해야 해요. 실제로 『공산당 선언』을 발행한 직후 각지에서 공산주의 혁명이 아닌 왕정 타도나 민족 독립을 요구하는 혁명이 일어나는데, 그것은 모두 '강제력'을 통해 이루어질 수밖에 없었어요.

　한편, 마르크스와 엥겔스는 1846년 노동자 계급의 선거권을 요구한 영국의 차티스트 운동에 격려의 메시지를 보냈고, 그 후에도 마르크스는 만년에 이르기까지 의회를 통해 정치권력을 획득하는 방법을 쉬지 않고 탐구했어요.

⑤ 민주적 개혁과 공산주의 혁명

　"공산주의자들은 노동자 계급의 눈앞에 닥친 목적이나 이익을 달성하기 위해 싸우지만, 현재의 운동과 더불어 운동의 미래도 대표한다."(앞의 책, 106쪽) "독일에서 공산주의당은 부르주아지가 혁명적으로 떨쳐 일어나는 즉시 그들과 공동으로 절대 군주제, 봉건적 토지 소유 및 소시민층에 대항하여 싸워나간다."(앞의 책, 106쪽) "그러나 공산주의당은 (……) 독일의 반동적 계급을 전복시킨 뒤, 곧바로 부르주아지에 대한 투쟁을 개시하기 위해 노동자들에게 부르주아지와 프롤레타리아트의 적대적 대립에 관해 최대한 확실한 의식을 형성하는 일을 어떤 순간에도 게을리하지 않는다."(앞의 책, 107~108쪽) "한마디로 말해서 공산주의자들은 어디에서든 현존하는 사회 및 정치 상태에 반하는 모든 혁명 운동을 지지한다."(앞의 책, 108쪽)

　—참으로 재미있는 대목이죠. 여기에서 마르크스는 역사를 향해 언제 어디서든 공산주의 혁명을 밀어붙이는 것이 가능하다는 태도를 취하지 않아요. 우선은 "눈앞에 닥친 목적이나 이익의 달성"을 소중하게 여기고, 부르주아 혁명을 달성하기 위해 부르주아와 '공동으로' 싸워나간다고 하지요. 각각의 사회에 대해 각각의 역사적 단계가 필요로 하는 '현재의 운동'을 통해 야무지게 승리를 거둠으로써 '운동의 미래', 즉 공산주의 혁명에 접근해갈 수 있다고 말하는 것이죠. 혁명가라고 하면 내일이라도 당장 혁명을 일으켜야 한다는 열혈 기질의 소유자를 떠올릴지도 모르지만, 이런 점을 보더라도 마르크스가 얼마나 냉철한 자세를 유지했는지 알 수 있어요.

아무래도 이것저것 다 기술하자면 한이 없을 것 같군요. 이 편지는 여기에서 맺어야 할 듯합니다. 『공산당 선언』은 160년 전의 그 시절, 유럽을 무대로 한 혁명의 지침을 분명히 밝히기 위해 쓴 문건이에요. 그러니까 21세기 일본에서 살아가는 우리들이 슬렁슬렁 읽어낼 수 있는 글이라고 할 수는 없겠지요. 하지만 이 글은 강령의 성격을 띠고 있는 까닭에 당시 마르크스의 혁명론을 간결하고 명쾌하게 보여준다고 생각해요.

우치다가 이시카와에게

이시카와 선생님 안녕하세요. 첫 번째 편지는 잘 받았어요. 고맙습니다. 결국 우리 작업이 테이프를 끊었네요. 어쩐지 가슴이 두근거립니다.

그리고 독자 여러분께도 인사 드려요. 우치다 타츠루입니다.

이렇게 쓰자니 꽤나 요상한 문체가 되어버리네요.

한편으로는 이시카와 선생께 쓰는 개인적인 편지이기도 하지만, 또 한편으로는 독자 여러분께 보내는 편지이기도 하니까요. 이 편지 안에 우리는 '일본의 젊은이들이 마르크스를 좀 읽어주었으면 좋겠다'는 바람을 오롯이 담으려고 하고 있어요.

이렇게 까다로운 구성을 지닌 이 책의 콘셉트가 어떤 경위를 거쳐 나오게 되었는지는 이시카와 선생님께서 밝혀주셨으니 저는 생략할게요.

이 책에서는 마르크스와 엥겔스의 대표 저작을 하나하나 꼽아가면서 "이시카와 선생, 이 문장 좀 보세요, 얼마나 신랄하고 심원한지……", "흠, 과연 마르크스답군요", 이렇게 장단을 맞추면서 우리끼리 기분을 내는 것으로도 충분하지 않을까 해요.

'나잇살 먹은 양반들이 이렇게 흥분할 정도라면 마르크스라는 작자, 꽤 대단한걸……, 나도 좀 맛이나 볼까……' 하는 독자들이 한 사람이라도 는다면, 이 책은 역사적 사명을 훌륭하게 다했다고 할 수 있겠죠. 우리는 이렇게 소박한 희망을 품고 있답니다.

나하고 이시카와 선생은 마르크스를 수용하는 방식이 꽤 다를 겁니다. 그래도 별 상관은 없다고 보는데요. 텍스트를 읽는 방식은 독자마다 다른 것이 당연하고, 오히려 사람마다 읽는 방식이 다르면 다를수록 텍스트가 지닌 함의와 문맥이 풍부하고 두텁다는 것을 의미하니까요.

그래서 저는 이 책에서 될 수 있으면 이시카와 씨(아차, 호칭이 좀 편해졌네요. 평상시에도 이시카와 선생과 이시카와 씨를 섞어서 쓰니까 큰 상관은 없겠죠?)가 마르크스를 읽는 방식과는 다른 방식을 제시하려고 마음먹고 있어요. 그렇다고 청개구리처럼 사사건건 이시카와 씨 해석에 반대하겠다는 뜻이 아니라, '이런 식으로도 읽을 수 있지 않나요?' 하는 점을 독자에게 보여드리고 싶다는 뜻이에요.

음악도 마찬가지겠죠. 가사의 의미를 중시하는 사람이 있는가 하면, 아티스트가 무대 뒤에서 하는 행동이나 막말을 재미있어하는 사람도 있고, 보컬의 소리나 호흡에 신경 쓰는 사람도 있을 수 있어요. 이런 각양각색의 접근이 서로를 배제하는 것은 결코 아니죠. 마르크스를 읽는 방식도 이것과 비슷하다고 봐요.

참, 미리 말해두는데, 내 생각에 이시카와 씨는 분명 '마르크스의 정치사적, 사상사적 계보'를 한번 훑어보고 나서 기본적인 대목을 놓치지 않도록 주의하면서 중요한 '텍스트의 의미'를 짚어나가는 방법을 취할 것 같아요. 이시카와 씨는 누가 뭐라고 해도 학자인데다 중심이 딱 잡힌 사람이거든요.

이 말은 그러니까, 나는 '그런 작업'을 안 해도 된다는……(웃음).

잘 아시겠지만 저는 '꼼꼼하게 제대로'와는 거리가 먼 사람이랍니다. 학자로서 갖추어야 할 기본 자질, 즉 선행 연구를 망라하여 열거한다든가 오류 없이 문헌을 인용하는 일에는 어지간히 젬병이죠.

영미 쪽 학자들은 그런 작업을 정말 철저하게 하더군요. 선행 연구를 잘못 인용하는 일은 있을 수 없으니까요. 만약 그런 오류가 나오면 혼쭐이 납니다. 그렇지만 프랑스 쪽은 상대적으로 적당주의랄까요.

저의 스승인 임마누엘 레비나스Emmanuel Levinas[2] 선생님 책을 번역하면서 알게 되었는데, 인용의 오류가 제법 나오더라고요. 그래서 번역서의 어떤 장은 각주의 대부분을 인용의 오류를 지적하는

데 할애하기도 했어요(스승님 흉을 봐서 죄송스럽지만……). 물론 원문에 있는 쉼표를 빼먹었다든가, 인용한 쪽수가 하나 틀렸다든가, 잡지 이름의 대문자와 소문자를 틀렸다든가 등등 논지와 크게 상관없는 것이 대부분이었지만, 여하튼 실수는 꽤 많았어요.

그래서 왜 그런 일이 벌어졌을까? 하고 좀 생각해봤죠. 혹시 레비나스 선생님이 덤벙대는 분은 아닐까? 하지만 아무래도 그건 아닌 것 같더라고요. 제 생각에는 선생님께서 문헌을 읽을 때 지나치게 몰두하시는 것 같아요. 인용 부분을 옮겨 적는 동안 '이다음에 쓰고 싶은 것'이 머릿속에서 샘솟듯 솟아나서 인용문을 베끼는 도중에 생각은 벌써 딴 곳에 가버리는 게 아닐까……. 그러니까 쉼표도 빼먹고 반대쪽 쪽수를 적어 넣은 것이 아닐까…….

오해는 마세요. 그런 오류를 저질러도 좋다는 말씀을 드리려는 의도는 없으니까요. 하지만 때로는 괜찮은 아이디어가 떠올라 자기도 모르게 엉덩이가 들썩일 때가 있잖아요. 내 말은 그러니까, 이 책을 통해 독자들이 무엇보다도 '엉덩이가 들썩이는' 느낌을 경험해보길 바란다는 것이랍니다.

지적 고양감이라고 해도 좋겠죠. 어떤 계기를 통해 두뇌가 빙그르르 가속도로 돌기 시작해 그때까지 여기저기 나뒹굴던 퍼즐 조각이 딱딱 들어맞을 때처럼, 갑자기 머릿속이 후끈 달아오를 때가 있잖아요. 이시카와 씨는 아마 알 거예요. 나는 그런 상태를 '아카데믹 하이academic high'라고 부르곤 하는데, 그런 느낌을 쪼끔이라도 젊은이들 스스로 피부로 실감하면 좋을 것 같아요.

내가 왜 마르크스를 사랑하느냐……. 그건 마르크스가 세상의 시스템을 쓱쓱 거침없이 해명했기 때문도, 어떻게 하면 계급 없는 사회를 만들 수 있느냐 하는 방법을 제시해주었기 때문도 아닙니다. 그것은 마르크스를 읽으면 머리가 좋아지는 것 같은 기분이 들기 때문입니다.

이 말은 어디에선가 인류학자 클로드 레비스트로스가 써놓은 것인데, 레비스트로스는 논문을 쓰기 전에 반드시 책장에서 마르크스 책을 꺼내 들고 아무 데나 펼쳐서 읽는다고 하네요. 아마도 그는 『루이 보나파르트의 브뤼메르 18일』을 제일 좋아한 것 같은데, 마르크스 책을 몇 쪽 읽으면 머릿속의 안개가 싹 걷히는 기분이라는군요.

나도 그런 기분을 잘 알아요. 마르크스 책을 펼쳐 놓고 몇 쪽만 읽다 보면 머릿속에 상쾌한 바람이 지나가는 것 같으니까요.

그런데 그것은 '개운한' 느낌과는 달라요. 마르크스 책을 읽었다고 복잡한 문제가 술술 풀려서, '아, 그렇구나, 왜 그걸 몰랐지?' 하며 무릎을 치며 '알게 되는' 것은 아니랍니다. 책을 좀 읽었다고 간단하게 해결할 수 있는 문제만 있다면, 머리를 싸매고 고생하는 사람은 아무도 없겠죠.

마르크스를 읽는다고 문제를 바로 해결할 수는 없어요.

그렇지만 어느 수준에서 자신의 사고가 막혀 있는가, 자신이 얼마나 인습적인 사고 틀에 갇혀 있는가……, 이런 점은 뼈가 시리도록 잘 알 수 있어요. 마르크스를 읽고 있으면 스스로의 사고 틀(갇혀 있는 '우리'에 비유해도 좋겠지요)이 외부의 충격으로 덜컹 흔들려서 우리 벽에 균열이 생기고 철창이 휘어지는 것 같다고나 할까요. 우리 벽에 금이 가고 먼지가 풀풀 나면서 철창이 휘어지고 삐걱거려야 비로소 '나는 우리 속에 있었구나!' 하는 것을 깨닫게 되는 법이죠. 마르크스가 나를 우리 밖으로 꺼내주는 것이 아닙니다. 마르크스는 내가 우리 속에 갇혀 있다는 것을 가르쳐주는 것이죠. 스스로가 갇혀 있다는 것을 깨닫지 못하는 이상, 거기에서 빠져나오는 수를 궁리한다는 것은 꿈도 못 꾸는 법이니까요.

마르크스는 내 문제를 해결해주지 않는다. 그렇지만 마르크스를 읽으면 스스로의 문제를 자기 손으로 해결해야 한다는 것을 깨닫게 된다.

나는 이것이 마르크스가 지닌 '교육적'인 측면이라고 생각해요.

이시카와 선생도 이렇게 쓰셨지요.

"어디까지나 마르크스는 제가 무언가를 연구하고자 할 때 '재미있는 시각'을 제공해주는 참조항일 뿐이에요. 마르크스는 현대 경제나 정치, 여성의 지위나 가족, 저출산 문제 같은 사회적 문제를 생각하는 데 중요한 힌트를 제공해주지요. 현대 사회의 문제를 해명하기 위해서는 구체적이고 현재적인 사안에 개입하는 수밖에 없으니까요."

여기에 대해서는 이시카와 선생에게 백 퍼센트 찬성표를 던질 게요.

마르크스의 경제 이론이나 정치 이론은 현실 정치에서 이미 '유효 기간이 지났다'고 여겨지고 있어요. 이 말이 과연 옳은지 그른지는 잠시 미루어두기로 하고, 만일 마르크스의 이론을 그대로 가져와서 적용하기만 하면 문제를 해결할 수 있는가? 이런 기준으로 마르크스를 평가한다면, 마르크스의 '유효 기간은 지났다'고 할 수도 있겠죠. 하지만 마르크스를 읽음으로써 지적인 활기를 얻고, 자신의 지성을 가두고 있는 '우리'의 구조를 깨달으며, 거기에서 빠져나오려는 노력에 시동을 거는 사람들에게 마르크스의 유효 기간 따위는 없을 거예요.

일단 사설은 여기까지 해두고……. 첫 장은 『공산당 선언』으로 하기로 했었죠? 해제에 해당하는 해설은 이시카와 선생이 잘 해주었으니까, 나는 『공산당 선언』의 어느 부분이 '멋진가?', 어떤 문장이 '확 다가오는가?', 그런 점을 독자 여러분께 소개하고 함께 음미하면서 '마르크스 수사학'의 재미와 깊은 맛을 즐겨볼까 합니다.

그럼 우선 『공산당 선언』에서 제일 '확 다가오는' 문장은 무엇일까요? 이시카와 선생도 인용했지만, 이 구절만큼은 뺄 재간이 없네요.

공산주의자들은 이제까지의 모든 사회 질서를 강제력으로 전복시킴으로써만 자신들의 목적을 달성할 수 있다는 것을 공공연하게 선언한다. 지배 계급들로 하여금 공산주의 혁명 앞에서 전율하게 하라. 프롤레타리아들은 혁명에서 족쇄 말고는 잃을 것이 아무것도 없다. 그들은 세계를 획득하지 않으면 안 된다.

만국의 프롤레타리아여, 단결하라!

(『공산당 선언』, 87쪽)

우와, 감동적이지 않아요? 만약 마르크스의 저작 전체에서 단한 구절을 뽑으라고 한다면, 나는 단연 이 대목을 고를 겁니다. 겨우 다섯 문장뿐이지만, 겁쟁이를 일으켜 세우는 힘찬 구호와 외침처럼 기운이 넘치고 있으니까요. 고금동서의 온갖 서적 가운데 이 구절만큼 사람들이 수없이 인용한 명문 중의 명문이 어디 또 있을까요.

그러면 왜 이 구절이 '명문'인지에 대해 생각해봅시다.

마르크스 연구자 중에 마르크스의 문장이 '명문인 까닭'에 대해 본격적으로 생각한 사람은 별로 없는 것 같은데, 그렇기 때문에 나는 이 주제에 더욱 흥미를 느낍니다. 한마디로 마르크스의 지성이 최고조에 달했을 때, 그가 어떻게 논리를 '추동'시키고 있느냐는 것이죠.

이 문장에는 마르크스 수사학의 '결정체'가 들어 있다고 보는데요. 그것은 바로 "~는 ~이다"라는 '평서문', "~하지 않으면 안 된다"는 '당위문', "~하게 하라"라는 '명령문'을 통해 박진감 넘치게 논리를 '전달'한다는 점에 있어요.

구체적으로 살펴볼까요?

첫 문장은 "공산주의자들은 선언한다"입니다.

이것은 말할 것도 없이 '객관적 사실'입니다. 실제로 마르크스 와 엥겔스가 선언하고 있는 만큼, 그 누구도 반박할 여지가 없는 당당한 진실이죠.

두 번째 것은 "지배 계급들로 하여금 전율하게 하라"는 '명령 문'입니다.

'명령'은 '명령하는 사람'이 입에 올린 이상, 그 명령 내용의 실현 가능성이 있든 없든, 또 그 명령이 실현되든 안 되든, '명령이 떨어졌다'는 사실에는 반론의 여지가 없어요. 이것 역시 반박할 수 없는 진실입니다.

요컨대 마르크스는 움직이기 힘든 두 가지 진실을 터억 하고 독자 앞에 우선 내놓습니다.

독자는 '터억 하고' 진실과 부딪히게 된 마당이라, "예, 예, 그 렇고 말고요……" 하며 눈앞이 휘뚝합니다. 그때 바로 세 번째 문 장을 휘리릭 날리는 것이죠.

"프롤레타리아들은 혁명에서 족쇄 말고는 잃을 것이 아무것도 없다."

자, 여기가 주의해야 할 지점입니다. 한마디로 마르크스 수사학의 급소란 말이죠. '귀를 기울이게 하는 곳'이랄까요? 벨칸토에 비유하자면 소프라노가 아름답게 고음을 내는 대목이고, 엔카[演歌]라면 '목을 꺾으며' 간드러지게 넘어가는 곳이란 말이죠.

그렇다면, 세 번째 문장을 '진실'이라고 단언할 수 있을까요?

틀림없이 진실이기는 하죠. 그런데 나는 이 진실을 '끌고 가는 방식'에서 마르크스의 풍부한 천재성을 느낍니다.

경험적으로 미루어볼 때, 아무리 가난한 노동자라도 족쇄 말고도 '잃을 것'은 얼마간 있다고 볼 수 있어요. "족쇄 말고는 잃을 것이 아무것도 없다"는 말은 실제 노예 노동자(갤리선에서 노를 젓거나 사도佐渡광산3에서 광물을 캐는 노동자) 같은 예외적인 노동자에 대해서는 타당한 말이지만, 일반 노동자라면 '글쎄, 그렇기까지야 하려구……' 하는 느낌이 드니까요.

아무리 찢어지게 가난하고 착취당하는 노동자라도 목구멍에 풀칠할 정도로는 생명을 유지하고 있고, 한정적이지만 자유도 약간 있을 뿐 아니라 약간의 사유물과 소소한 평안도 허용되어, 그저 그런 쾌락을 누리고 있으니까요. 그러면 이런 사람은 어떻게 되는 걸까요?

그러나 마르크스는 '프롤레타리아'라는 특수한 어휘를 사용함으로써 이 문제에서 깔끔하게 빠져나가고 있어요.

이시카와 선생에게는 송구하지만, 독자를 위해서 개념어를 해설해둘게요.

'프롤레타리아Proletarier'는 독일어로 '자신의 노동력을 자본가에게 팔아서 생활하는 임금 노동자'라는 뜻이에요. 원래는 고대 로마의 최하층 계급(정치적 권리가 없고 병역의 의무를 지지 않으며 그저 아이prole를 낳는 것이 일인 무산자)을 가리켰지요. 마르크스주의 정치 용어로서는 노동자 개인을 가리킬 때는 '프롤레타리아', 노동자 계급 전체를 지칭할 때는 '프롤레타리아트Proletariat'라고 구분해서 씁니다.

이렇게 용어를 해설해놓으니까 문제가 확실해진 것 같아요. 마르크스와 엥겔스가 '노동자'라는 중립적인 용어를 채택하지 않고, (아마도 보통의 독일인은 그 뜻을 모르는) 역사적인 용어인 '프롤레타리아'라는 용어를 굳이 골라서 제시한 것은 그 속에 들어 있는 고유한 함의를 돋보이게 하려는 의도가 아니었을까요?

'프롤레타리아'는 그저 단순한 '노동자'가 아니라 "족쇄 말고는 잃을 것이 아무것도 없는 노동자"인 것이지요. 그러니까 "프롤레타리아들은 족쇄 말고는 잃을 것이 아무것도 없다"는 말은 낱말의 정의에 다름 아닌 것입니다(동어 반복이라고 할 수 있죠). 이 문장 자체에는 현상을 지적한다든가 분석한다든가 해명하는 기능은 없어요.

그 대신 박력이 있지요. 박력이 아주 차고 넘칩니다.

"족쇄 말고는 잃을 것이 아무것도 없다"고 말하는 순간, 프롤

레타리아가 현실적으로 선택할 수 있는 행동이란 '족쇄를 끊는 것'
밖에 없을 테니까요.

그러고 나서 "그들은 세계를 획득하지 않으면 안 된다"는 문장
으로 대미를 장식합니다.

멋들어진 문장 아닌가요? 우리 세대에서 마르크스의 저작을
읽는다고 하면 『공산당 선언』부터 시작하는 것이 보통이었는데,
"그들은 세계를 획득하지 않으면 안 된다"는 대목에서 모두들 가슴
이 쿵쿵 뛰곤 했죠.

'세계를 획득한다'는 것은 무슨 말일까요?

잘 다가오지는 않죠? 하지만 뭔가 가슴속을 뭉클하게 파고드
는 듯, 정신을 한껏 고양시키는 듯, 마치 꼭 시의 한 구절 같지 않은
가요?

이 구절은 '당위문'이에요. '~하지 않으면 안 된다'는 문형
이죠.

'당위'는 '명령'보다 강해요.

아까도 얘기했지만, '명령'의 경우 "난 이러저러한 것을 명령
한다"고 말할 수 있으려면, '왜냐하면'이라는 이유가 필요한 법이
니까요.

"마르크스를 읽어라." 이 말은 '명령'이에요. 내가 이렇게 말
한 순간, 이 말은 충분히 근거를 지닙니다. 어찌 되었든 내가 실제
로 '명령'하고 있으니까요. 하지만 '마르크스를 읽지 않으면 안 된

다' 는 말은 그 말을 하는 것만으로 불충분해요. '왜' 마르크스를 읽지 않으면 안 되는지, 그 이유를 제대로 이야기하고 독자의 이해를 구해야 하니까요.

하지만 보통 '명령' 과 '당위' 의 차이는 읽는 방식만으로는 감지할 수 없어요. 마르크스 수사학에 내재한 열쇠 중 하나는 거기에 있습니다. 앞으로 읽어나갈 다양한 저서에서도 우리는 비슷한 수사학과 여러 번 마주치게 될 겁니다.

'명령' 과 '당위' 사이에 논리적인 '단수段數의 차이' 가 있다는 것을 마르크스는 물론 잘 이해하고 있었어요.

그런데 마르크스는 '명령' 과 '당위' 를 굳이 '있는 힘껏' 이어 붙이고 있어요. '단수의 차이' 를 훌쩍 뛰어넘어 버릴 때 생겨나는 순간적인 '붕 뜨는 느낌……'. 이것은 사실 '논리적으로 아귀가 맞지 않는 말을 할' 때 우리가 느끼는 어떤 '불편함' 의 다른 이름이기도 해요.

마르크스는 우리에게 이것을 '불편함' 이 아니라 '붕 뜨는 느낌' 으로 경험하게 해요. '단수의 차이' 에 발등이 콱 찍히고 무릎이 부딪쳐 '아프다' 고 느끼게 하는 것이 아니라 어떤 강력한 힘을 통해 뛰어넘기 힘든 '단수의 차이' 를 훌쩍 넘는 듯한 '도약의 느낌' 을 독자에게 선사한다는 말이죠.

마르크스의 문장이 뿜어내는 '마약성' 은 여기에 있어요.

우리가 오랜 기간에 걸쳐 되풀이하여 읽는 문장에는 대개 공통적인 특징이 있어요. 그것은 '독자에게 어떤 전능함을 느끼게 해주는 것' 이죠.

마르크스도 그렇고요.

마르크스를 읽고 있자면, 자신의 추론 형식으로는 결코 도달할 수 없는 결론에 어느새 발을 들여놓고 있는 거예요. 능숙한 안내인의 뒤를 따라가기만 했더니 자기도 모르는 새 엄청나게 높은 산꼭대기에 서 있는 것과 비슷한 느낌이라고 할까요.

영화 〈매트릭스〉에서 네오(키아누 리브스)가 수면 학습으로 '빌딩에서 빌딩으로 점프하는 기술' 을 습득하는 장면이 있지요. 그 기술을 훈련할 때 스승인 모피어스(로렌스 피시번)가 먼저 '사뿐하게' 뛰는 시범을 보여줍니다. 그 우아한 도약을 보고 네오는 '가능하지 않은 도약' 을 할 수 있게 돼요.

'목숨을 건 도약salto mortale' 이란 마르크스가 애용한 유명한 어구인데, 아마도 마르크스가 독자에게 요구하는 것 중 하나가 '마르크스와 함께 점프하는 것' 아닐까요?

자, 이제 드디어 마지막 문장.

"만국의 프롤레타리아여, 단결하라!"

훌륭하기 짝이 없는 맺음말이죠.

내 생각에는 '결기하라' 도, '타도하라' 도, '탈환하라' 도 아니고, '단결하라' 고 한 점이 참 훌륭합니다.

'결기' 나 '타도' 로 나아가기 위해서는 지하 조직을 결성하거나 무기를 입수하는 등 품과 시간이 꽤 들 것이고, 무엇보다도 비폭력적인 사람에게는 먹히기 어려운 말이겠지요. 하지만 '단결'이라면 이 책을 덮는 순간부터 가능한 일이에요. 곁에 있는 프롤레타리아에게 손을 내밀어 '우리 힘을 냅시다!' 하면 그만이니까.

'세계를 획득한다'는 거대한(대체로 환상적인) 목표를 위해 마르크스가 우선 제시한 것은 구체적이고 일상적인 '단결'이란 몸짓이었어요. 마르크스는 지극히 전투적인 매니페스토의 마지막을 '우애'라는 말로 맺은 것입니다.

정의롭고 공정한 세계를 위한 싸움을 앞두고 기본적인 마음가짐으로서 '단결'을 내세웠다는 점에서 나는 마르크스가 위대하다고 느껴요. 마르크스의 뒤를 이어 수많은 사람이 그의 이름을 내걸고 '혁명' 투쟁을 전개해왔지요. 하지만 그들 '혁명가'의 매니페스토 대부분에는 마지막 맺음말에 그다지 따뜻함이 깃들어 있지 않아요.

참된 혁명의 선언은 '미움'이나 '파괴'를 부추기는 말이 아니라 '우애'를 담은 말로 끝맺지 않으면 안 돼요. 이렇게 아주 인간적인 자세를 보여주었다는 것만으로도 마르크스는 19~20세기에 출현한 무수한 혁명가들보다 탁월하다고 생각합니다.

마르크스가 얼마나 인간을 깊이 이해하고 있었는가에 대해서는 이후에 말씀드릴 기회가 있을 거예요.

처음부터 얘기가 좀 길어졌네요. 『공산당 선언』에서 부르주아 사회를 분석하는 내용은 그대로 21세기 일본 사회에 대한 분석으로도 '읽을 수 있다'는 점을 쓰고 싶었는데, 이것도 나중에 기회가 있으면 언급할게요.

　그럼, 이시카와 선생님, 이다음을 부탁드려요.

청년 마르크스를 만나다,
『유대인 문제』·「헤겔 법철학 비판 서문」

마르크스는 인간이 자기 이익을 최우선으로 추구하는 것을 멈추고 자신의 행복과 이익에 신경 쓰는 만큼의 열의로 이웃의 행복과 이익에 신경을 쓰는 '유적 존재'가 되는 것을 '인간 해방의 완수'라고 봤어요.

나는 이런 사고방식(곤란한 목표이기는 한 것 같지만)이 옳다고 봅니다. 스스로도 부족하나마 될 수 있는 한 이런 방향으로 '유적 존재'가 되도록 노력하려고 해요(진심으로!).

이시카와가 우치다에게

우치다 선생님, 안녕하세요? 그리고 인사가 늦었지만 독자 여러분도 안녕하세요? 자, 이제 우치다 선생님께 두 번째 편지를 보냅니다. 앞서 보내주신 우치다 선생님 답장에 자극을 받은 만큼, '젊은 시절 마르크스'라는 주제로 '마르크스는 정말 재미있다구!' 하는 이야기를 좀 더 진전시키기로 하죠.

각각의 마르크스론

앞의 편지에서 말씀하신 대로, 마르크스를 읽는 접근법의 차이가 반드시 서로를 배척하는 것이 아니라는 우치다 선생님의 의견에 백 퍼센트 찬성해요. 음악을 듣는 법을 예로 들어 설명을 해주셔서 무척 알기 쉽더라고요. 마르크스의 저서에 담긴 사상이 무엇인가 하는 문제에 대해서는 그의 책을 꼼꼼하게 읽고 난 뒤에 한 가지 대답으로 의견의 차이를 좁히는 것이 가능하겠지요. 하지만 마르크스의 무엇에 착목着目하는가? 즉 사상인가, 인격인가, 심리인가, 행동인가, 문체인가, 사회적 영향인가, 아니면 다른 무엇인가 하는 점은 읽는 사람의 관심에 따라 다르겠지요. 어딘가에 해답이 오롯이 있을 듯한 알기 쉬운 문제 설정에서 벗어나면 벗어날수록 독해의 내용은 독자의 '상상력'과 '창조력'에 크게 좌우되는 것이 아닐까요?

내가 '마르크스는 정말 재미있다구!' 하고 말할 때의 '재미있는 마르크스'에는 이미 '내 나름대로의 읽는 방식에 근거한 마르크스'라는 의미가 포함되어 있고, 우치다 선생님이 이야기하는 '재미있는 마르크스'에도 마찬가지 의미가 들어 있겠지요? 그렇다면 다른 점이 있다 해도 하등 이상할 것이 없어요. 아울러 중요한 것은 각각의 '재미'가 같은 마르크스로부터 나온 것이라면 우리가 서로의 '재미'를 흥미롭게 바라보고 함께 그 재미를 나누는 일도 가능하다는 점이죠. 그런 식으로 '재미있다구!' 하는 점의 공명 관계랄까, 증폭 관계 같은 것을 만들어나가기 위해서는 자기와 다르게 파악하거나 느끼는 방식과 마주쳤을 때, 그것을 자신의 생각이나 발상을 풍부하게 해주는 참신한 재료로 받아들일 수 있는 지적인 너글너글함이 필요해요.

갇혀 있는 '우리'를 빠져나가는 용기를 얻을 수 있다

우치다 선생님이 말씀하신 '지적 고양감'이나 '아카데믹 하이', '어떤 생각 앞에서 엉덩이가 들썩이는 일'에 대한 이야기는 매우 재미있었어요. 그런 상태를 체감하기 위해 무언가를 읽는다면, 단연 마르크스를 꼽아야겠지요. 제 경우에 '엉덩이가 들썩이는 일'은 대개 '펜이 들썩이는 일'로 이어져, 다음 날 써놓은 글을 다시 읽어보고는 '이게 뭐야?' 하며 원고를 던져버릴 때도 많답니다. 하지만 뭔가 새로운 점을 깨닫는다는 자각이 들기 시작하면, 저절로 가슴이 쿵쿵 방망이질 치기도 하지요.

또 우치다 선생님은 논문을 집필하기 직전에 마르크스 책을 몇 쪽 정도 읽는 습관이 있는 레비스트로스의 에피소드를 소개해주셨어요. 다시 말해 마르크스의 책을 읽는 행위가, 자신의 사고 '틀'을 스스로 갇혀 있는 '우리'라고 자각하고 거기에서 빠져나오려고 하는 의욕이나 충동을 불러일으키기 위한 것이 아니었을까 하는 말씀이었지요. 제 경우에는 '뭔가 신선한 관점이 없을까?'에 대한 힌트를 얻으려고 마르크스를 읽을 때가 있어요. 하지만 찾고자 하는 내용이 무엇이었는지를 돌이켜보면, 목전의 과제에 직접 적용할 수 있는 이론은 아니었어요. 말하자면 사물을 대담하게 분석하게 해주는 '큰 뜻'이나 '용기'를 얻는다는 점이 더욱 중요했지요. 이것이야말로 정말 '으음, 과연 그렇구나' 하고 깨달은 점이랍니다. 게다가 조금 더 깊이 자기 마음이나 머릿속을 들여다보면, 저에게 '큰 뜻'이나 '용기'의 원천은 이제까지 학문의 울타리 안에서는 결코 얻지 못했던 마르크스의 자립 정신이었다는 생각이 들어요(어쩌면 야생적이기도 하고……. 여하튼 홀딱 반할 만한 정신이죠).

문장의 '마약성'과 탐험가적 생동감

하나 더 덧붙이자면, "만국의 프롤레타리아여, 단결하라!"로 끝맺은『공산당 선언』의 마지막 구절에 대한 우치다 선생님의 '감동'도 흥미로웠어요. 이 유명한 대목에 대해 우치다 선생님은 "이시카와 선생도 인용했지만"이라고 쓰셨는데, 실은 거기에 대해서 저는 한마디도 한 적이 없어요. 우치다 선생님 나름대로 '마르크스주의자인 이시카와가 이 대목에서 감동 안 했을 리가 없어' 하고 판단하신 까닭에 지레짐작으로 그런 말씀을 한 것이 아닐까요. 이런 심리의 표현에도 살짝 재미를 느꼈고요(웃음). 그런데 앞의 편지에서 우치다 선생님은 논리의 비약을 '불편함'이 아니라 '붕 뜨는 느낌'으로 고양시켜주는 점에 마르크스의 '마약성'이 있다고 했어요. '붕 뜨는 느낌'이라는 표현이 참 재미있네요. 이렇게도 읽을 수 있고 저렇게도 읽을 수 있는 애매함, 둥실둥실 떠 있는 것 같은 느낌이 불쾌함이 아니라 도리어 상상력을 이끌어낸다는 말씀……. 그렇게 이해해도 될는지요? 저는 그 글의 '단결하라'는 표현을 '선동의 슬로건이니까 그렇겠지……' 하고만 읽었답니다. 그 말에서 호소하는 힘이 강하게 느껴지는 비밀이 어디에 있는지에 대해 골똘하게 생각해본 적이 없었어요.

그런데 우치다 선생님의 문제의식을 알고 나서 떠오른 생각인데, 독자가 그런 '붕 뜨는 느낌'이나 '마약성'을 느끼는 근거는 마르크스에 대한 독자의 신뢰가 아닐까 해요. 그러니까 마르크스는 이치를 따지는 것만으로는 충분하게 설명할 수 없는 것을, '말로는 잘 표현할 수 없지만 분명 이럴 거야……' 하는 유추에 의해 보충하고, 이를 통해 이치로만 이야기할 수 있는 범위를 뛰어넘고자 했으니까요. 말하자면 '말로 충분히 다 설명했다고 볼 수 없지만, 이만큼 논리를 갈고닦아 사물의 이치를 설명하고자 하는 마르크스가 이렇게 이야기하고 있으니까 아마도……' 이런 신뢰감이랄까요? 그렇다면 이런 신뢰의 바탕은 바로 마르크스가 이미 이치로써 전개한 사상의 영역 안에 있는 것이겠지요. 어떻게 생각하세요?

나아가 마르크스는 논리의 비약을 자각하면서도 그것을 긍정적으로 활용하는 재주가 있었다는 우치다 선생님의 언급이 있었는데요. 그 말씀을 이어받아 제 식으로 이야기하자면, 마르크스는 스스로 알지 못한다고 자각하는 문제의 범위나 알고 싶다고 갈망하는 문제의 범위가 놀랄 만큼 넓었다는 생각이 들어요. 그렇게 폭넓은 문제의식이야말로 마르크스가 거기에 뛰어들어 무언가를 '발견'해가는 기쁨과 어우러져 마르크스를 숨 돌릴 틈 없이 앞으로 달려나가도록 했겠지요. 한마디로 그런 점이 마르크스의 탐험가적 생동감을 낳지 않았을까요. 우리가 주고받는 편지도 앞으로 이런 점을 묘사해갈 텐데요. 그렇게 보면 마르크스가 논리의 비약을 자각하는 것은 자신의 지적 정열이 향하고 있는 과제를 분명히 인식

한다는 의미일지도 모르겠어요. 제가 마르크스를 지나치게 사랑하고 있는 걸까요?(웃음)

마르크스주의 이전의 젊은 마르크스

이제 오늘의 새로운 주제인 '젊은 마르크스' 쪽으로 화제를 바꾸어볼까요. 이 책에서 다루려는 저작 가운데 『유대인 문제』(1843년 가을 집필), 「헤겔 법철학 비판 서문」(1843년 말~1844년 1월 집필), 『경제학-철학 수고』(1844년 4월~8월 집필) 등 세 가지에 대해서 저는 '마르크스주의 이전의 마르크스' 혹은 '마르크스주의에 접근하고 있는 마르크스'가 쓴 것이지, '마르크스주의자로서의 마르크스'가 쓴 것이라고 할 수 없다고 생각해요.

물론 동일한 인격체인 마르크스가 사상적으로 성숙하는 과정에서 어느 해, 몇 월 며칠부터 '자, 이날부터 마르크스는 마르크스주의자입니다' 하고 두부 모 자르듯 경계선을 그을 수는 없겠지요. 하지만 나중에 '마르크스주의' 혹은 '과학적 사회주의'라는 이름으로 불리는 마르크스의 특유한 사상 체계가 명확히 형성되는 도정에서 최초의 현장이 된 것은 『독일 이데올로기』(1845년 11월~1846년 여름 집필)였다고 봅니다. 거기에 마르크스다운 경제학은 거의 등장하지 않아요. 그래도 인간 사회의 구조와 역사를 통째로 파악하는 사적유물론의 기본적인 구성과 그것에 대응하는 공산주의 혁명론이 처음으로 정리된 모습으로 나타나고 있지요. 그렇게 보면 앞에서 다룬 『공산당 선언』(1847년 말부터 집필)도 마르크스주의자로서의 마르크스가 매우 이른 시기에 쓴 것이라고 할 수 있어요.

여기에서 잠깐 젊은 날의 마르크스와 엥겔스의 전기를 소개해 볼까요.

카를 마르크스는 1818년 5월 5일 독일 라인 주의 트리어에서 태어났어요. 1835년에 김나지움(고등학교와 유사한 교육 기관)을 졸업하고 본 대학과 베를린 대학에서 법학과 철학을 공부했지요. 베를린 대학에서는 청년헤겔학파로 일컬어지는 그룹에서 활동하며 독일의 정치와 사상에 대해 활발하게 논의를 주고받았어요. 1841년 3월 베를린 대학을 졸업하고, 4월에 예나 대학에서 「데모크리토스의 자연철학과 에피쿠로스의 자연철학의 차이」라는 논문으로 박사 학위를 취득했지요. 이때 마르크스는 본 대학에서 교직을 얻으려고 했지만, 진보적인 학자가 대학에서 쫓겨나는 일련의 사태를 목격하고 단념했어요. 그 후 1842년 5월 개혁파 신문인《라인신문》에 정부를 비판하는 논설을 게재하는 것을 비롯하여, 같은 해 10월에는《라인신문》의 주필로서 편집자 세 명 중 한 사람이 됩니다. 그가 정부를 매우 신랄하게 비판했기 때문에 1843년 1월 프로이센 정부는 4월부터《라인신문》의 발행 금지를 결정하는데요. 이렇게 되자 마르크스는 3월 17일자 신문에 '목하의 검열 사정 때문에 오늘자로《라인신문》편집부에서 사퇴한다' 는 성명을 남기고 떠나지요. 그러고는 아르놀트 루게Arnold Ruge[4]와 함께《독불연감》의 간행을 준비하고 파리로 이주해서는, 이제부터 다루려는 『유대인 문제』와 「헤겔 법철학 비판 서문」을 집필해요. 1844년 2월 파리에서 《독불연감》을 출간했을 때, 마르크스는 겨우 스물다섯의 청년이었답니다.

마르크스와 엥겔스의 만남

한편, 나중에 마르크스의 평생 친구이자 '동지'가 되는 프리드리히 엥겔스는 1820년 11월 28일, 마르크스와 마찬가지로 라인 주 바르멘에서 태어납니다. 마르크스보다 두 살 아래죠. 방적공장 경영자의 아들이었던 엥겔스는 1837년 아버지의 강요로 김나지움을 중퇴하고 사업을 돕기 시작해요. 그리고 1838년 7월~1841년 3월에 경영 수업을 위해 브레멘 상회에서 일하는 동안 문필 활동을 시작해요. 이후 바르멘으로 돌아왔다가, 다시 1841년 9월부터 1년간 베를린에서 지원병으로 복무하며 베를린 대학의 청강생이 됩니다. 병역에 지원한 가장 큰 이유가 청강생이 되기 위해서였다는군요. 그곳에서 엥겔스도 청년헤겔학파와 친교를 나누고 베를린 대학에서 철학 교수로 있던 셸링Friedrich Schelling[5]을 비판하지요. 나아가 1842년 4월에 마르크스보다 발 빠르게 《라인신문》에 논설을 싣기 시작해요. 그해 10월 병역을 마치고 바르멘으로 돌아오지만, 11월부터 영국 맨체스터에 위치한 에르멘 앤드 엥겔스 방적공장(부친이 창설자 가운데 한 사람이었죠)에서 근무하기 시작합니다. 1844년 8월 독일로 돌아오기 전까지 엥겔스는 영국 노동자의 생활과 노동 실태를 조사했으며, 노동자를 비롯한 남성의 보통선거권을 위한 차티스트 운동을 접하고 나서 고전파 경제학이나 공상적 사회주의에 대해 파고들어요. 엥겔스가 《독불연감》에 마르크스의 논문 두 편과 같이 실린 「국민경제학 비판 대강大綱」과 「영국의 상태」(칼라일의 『과거와 현재』에 대한 서평)」를 쓴 것은 1843년 말 이후였어요. 《독불연감》을 발행했을 때 그의 나이는 스물 셋이었답니다.

마르크스와 엥겔스의 만남은 베를린 대학의 청강생이던 엥겔스가 반년 앞서 베를린 대학을 졸업한 마르크스의 소문을 듣게 되는 시점부터 시작한다고 하겠죠. 마르크스가 본 대학에 취직하도록 격려했던 브루노 바우어Bruno Bauer[6]가 1842년 3월에 교수직에서 해임당하자 엥겔스는 그 일에 항의하여 「신앙의 승리」(1842년 6~7월 집필)라는 시를 쓰는데요, 그는 이 시에 마르크스를 등장시켰어요.

　　트리어 출생의 검둥이, 속이 단단한 괴물이지

　　그는 걷거나 뛰지 않아, 뒤꿈치로 날아오르지

　　격노에 사로잡혀 사납게 울부짖으며, 광대한 창공을, 거리낌 없이 잡아채어, 지상으로 끌어내리려는 것처럼, 양팔을 공중을 향해 쭉 내밀지

　　분노의 주먹을 꽉 쥐고, 쉬지 않고 날뛰네, 수많은 악마에게 앞

머리를 잡아채인 것처럼

(『마르크스-엥겔스 전집』, 이하 『전집』 제41권, 325쪽)

두 사람이 실제로 처음 맞대면한 것은 1842년 2월, 그러니까 엥겔스가 맨체스터로 가는 도중에 《라인신문》 편집부에 들렀던 때라고 하는군요. 그러나 이 만남은 그리 유쾌하지 않았던 것 같아요. 만년의 엥겔스는 그때를 이렇게 회상하니까요.

"거기서 나는 마르크스를 만났지요. 당시 우리는 지극히 냉랭한 분위기에서 인사를 했어요. 마르크스는 그때 바우어 형제를 반대하는 입장이었거든요 (……) 나는 바우어 형제와 편지를 주고받는 사이인지라 그들의 동맹자로 여겨졌고, 한편 마르크스는 그들에게 수상하다는 의심을 받고 있었던 것 같아요."(「엥겔스가 프란츠 메링에게 보낸 편지」, 1895년 4월 말, 『전집』 제39권, 411쪽)

이 시기 《라인신문》의 주필이던 마르크스는 프로이센 정부의 검열과 투쟁하는 등 구체적인 문제를 가지고 구체적으로 벌이는 논전을 중시하고 있었기 때문에 탁상공론으로 보이는 추상적인 논의만 되풀이하는 청년헤겔학파와 심하게 대립하고 있었어요. 브루노와 에드가 바우어 형제가 대표적인 논자였죠. 그래서 마르크스는 이 형제와 친하게 보이는 엥겔스에게 경계심을 가졌던 모양이에요. 영국으로 건너간 엥겔스는 그 후에도 《라인신문》에 기고를 계속하지만, 편집부에 있던 마르크스와 더 이상 관계를 발전시키

66 청년이여, 마르크스를 읽자

지는 못했어요.

두 사람 관계에 극적인 변화가 일어난 것은《독불연감》에 게재한 엥겔스의 논문 「국민경제학 비판 대강」에 마르크스가 강렬한 충격을 받고 나서부터입니다. 두 사람이 평생 변치 않는 교류를 나누며 공동의 역사를 이룩한 것은 그때부터라고 봐야겠죠.

논문『유대인 문제』의 과제

《독불연감》에 게재된 마르크스의『유대인 문제』와 「헤겔 법철학 비판 서문」의 과제와 내용은 무엇일까요. 그것은 바로 직전에 마르크스가 힘을 기울인《라인신문》때의 체험과 직접적인 연관이 있어요. 민주적인 저널리스트로서 11개월 동안 투쟁을 벌여온 마르크스는 산림 이용을 둘러싼 농민의 권리나 세금 등 경제 활동을 비롯하여 주州 정부 및 국가와의 관계라는 문제에 직면했고, 프루동을 비롯한 프랑스의 공산주의 사상을 연구해야 할 필요성을 절실하게 느끼고 있었어요. 마르크스가 그러한 과제에 도전하는 데 실마리가 되어준 것이 바로 헤겔 철학을 상대로 한 격투였다고 할 수 있습니다.

『유대인 문제』는 브루노 바우어의 논문 두 편에 대한 서평 형식을 띠고 있어요. 당시 독일은 기독교를 국교로 삼고 유대교도의 정치적, 사회적 권리를 엄격하게 제한하고 있었어요. 그러나 프랑스 혁명의 영향을 받은 지식인들 사이에서는 이에 대한 비판적인 의견이 퍼져갔고, 《라인신문》에서도 때때로 유대인의 '해방' 문제를 다루고 있었어요. 프랑스의 유대교도는 1791년 기독교도와 마찬가지로 '프랑스 시민'으로서 모든 법적 권리를 획득했거든요.

이 문제에 관한 바우어의 논문은 다음과 같은 내용이었어요. 유대교도의 해방은 말할 것도 없이 당연하지만, 독일에서 억압받는 이들은 유대인뿐 아니라 모든 인민이다. 따라서 유대인 문제는 모든 독일인의 해방을 둘러싼 문제로 논의하지 않으면 안 된다. 또한 독일인의 해방을 달성하려면 독일 국가가 기독교의 굴레를 버리고 근대 국가가 될 필요가 있으며, 아울러 독일의 인민 스스로 기독교나 유대교 같은 특정한 종교로부터 빠져나와 자유로운 자기의식을 획득해야만 한다.

이러한 논지에 대하여 마르크스는 '정치적 해방'과 '인간적 해방'이라는 두 가지를 구분하는 시각과 관련된 시각을 제기해요. 다시 말해 한편으로는 기독교도와 유대교도의 정치적 동등권을 당연하다고 주장하면서, 또 한편으로는 거기에 머물지 않고 독일 사회 전체의 개혁이라는 과제를 제시하지요. 여기서 잠깐 마르크스의 논의를 따라가 볼까요.

① "독일의 유대인은 해방을 열망하고 있다. 어떤 해방을 열망하는가? 공민公民으로서의 해방, 정치적인 해방이다."(『전집』 제1권, 384쪽)

―유대교도는 기독교도를 비롯하여 다른 사회 성원과 평등한
권리를 원한다는 말이에요.

② 하지만 "정치적 해방 그 자체에 대한 비판이 있어야 비로소
유대인 문제에 대한 최종적인 비판이 가능하며, 유대인 문제를 '시
대의 일반적 문제'의 하나로 진정 해소시킬 수 있다."(앞의 책, 388쪽)
―그러나 정치적 해방의 실현은 어디까지나 정치적 영역의 틀
안에서 이루어진 해방일 뿐, 실은 그 틀 자체를 넘어설 수 있을 때
에야 비로소 유대인은 모든 독일인과 관련된 '시대의 일반적 문제'
가 됩니다.

③ 그런데 바우어는 "다만 '기독교 국가'만을 비판할 뿐 '국가
자체'를 비판하지 않는다", "정치적 해방이 인간적 해방과 어떤 관계
에 있는가를 연구하지 않고, 그렇기 때문에 단지 정치적 해방과 일
반적인 해방을 무비판적으로 혼동"하고 있다.(앞의 책, 388쪽)
―이렇게 기술하면서 마르크스는 프랑스 혁명이 대표하는
'정치적 해방'과 그것과 구별되는 '인간적 해방'의 관계를 탐구해
갑니다.

'인간적 해방'과 '시민사회'
① "정치적 해방은 확실히 일대 진보다. 그것은 과연 인간적 해

방 일반의 최후 형식은 아니지만, 종래의 세계질서 내부에서는 인간적 해방의 최후 형식이다."(앞의 책, 393~394쪽)

— '정치적 해방'이 초래한 진보가 확실히 진보임에는 틀림없지만, '종래의 세계질서 내부'에 머무르는 진보에 지나지 않는다는 뜻입니다.

② 이 혁명에 의해 "정치적인 멍에를 벗어던지는 일은 동시에 시민사회의 이기적인 정신을 묶어둔 줄을 끊어버리는 것이기도 했다. 정치적 해방은 동시에 정치로부터의 (……) 시민사회의 해방이기도 했다."(앞의 책, 405쪽)

—근대의 '정치적 해방'은 근대적 권리를 지닌 '공민'을 탄생시켰지만, 동시에 '시민사회'와 '이기적인 정신'을 세상에서 해방시키기도 했다는 뜻입니다.

③ 그리고 프랑스 혁명으로 "공민citoyen으로서의 인간이 아니라, 부르주아[시민사회의 일원]로서의 인간이 본래적인 참된 인간"으로 여겨지게 되었다.(앞의 책, 403쪽)

—이 정치적 해방은 실제로 만인의 동등한 권리가 아니라 이기적 정신의 대표자인 '부르주아'를 중심에 놓는 사회를 불러왔다는 말입니다.

마르크스는 헤겔을 본받아 '시민사회'를 "욕망과 노동과 사리私

利와 사적 권리의 세계"(앞의 책, 406쪽)라고 불렀는데요. 그는 나중에 이것을 '자본주의 경제'라는 문제 영역으로 정리하고 이해해갔어요. 마르크스는 이 단계에서 근대 사회가 초래한 법적 평등과 경제적 불평등을 구별하고, 이 사회의 중심이 경제 활동의 새로운 주체가 된 부르주아로 옮겨 간 점에 일찍부터 착목했던 것이지요.

그리하여 마르크스는 독일인의 '인간적 해방'을 위해서는 '이기적인 정신'으로 가득 찬 시민사회의 개혁이 필요하다고 생각해요. '욕망', '사리', '더러운 장사', '화폐' 등의 특징을 동원해 유대교를 비판하는 자들의 논의를 역으로 들이밀면서 그는 이렇게 써 내려가요.

④ "'실제적인 욕망, 이기주의'는 시민사회의 원리이며, 시민사회는 내부에서 정치적 국가를 완전하게 창출해내는 동시에 순수하게 본연의 모습을 드러낸다. 실제적인 욕망과 이기주의의 신神은 화폐다."(앞의 책, 411쪽)

— 한마디로 유대교도한테 그들의 비판자들이 말하는 '이기주의'적인 특징이 있다고 해도, 그것은 근대 '시민사회' 자체의 산물이라는 말이지요.

⑤ "궁극적인 의미에서 유대인의 해방은 유대교로부터의 인간 해방이다."(앞의 책, 409쪽) "유대인의 사회적 해방은 유대교로부터의

사회 해방이다."(앞의 책, 414쪽)

　—따라서 유대인의 진정한 해방을 위해서는 유대교의 순수한 표현이라고 볼 수 있는 '시민사회'로부터 인간 해방이 이루어져야 할 필요가 있고, 그런 의미에서 모든 독일인의 해방이 필요하다는 말입니다.

　이 논문은 여기에서 끝나고 있어요. 난해한 헤겔의 용어를 사용하면서 헤겔 철학(사상)을 뛰어넘으려고 하는 마르크스의 지적 사투는 결코 읽어내기 쉽지 않지요. 또한 논문의 핵심으로 제시한 '시민사회'가 어떤 사회인지, 또 그것의 개혁 방법에 대해서는 거의 아무것도 분명히 밝히고 있지 않아요. 그 점을 해명하는 작업은 다음 편지의 테마인 『경제학–철학 수고』부터 시작되는 경제학의 연구 과제가 된답니다.

천상에 대한 환상에서 지상의 현실에 대한 해명으로

　이어지는 「헤겔 법철학 비판 서문」은 1843년 여름에 완성한 장편의 초고 「헤겔 국법론 비판」(앞의 책, 231~372쪽)을 한 권의 책으로 출판하기 위해 집필한 것이에요. 나중에 계획이 변경되어 이 책은 세상의 빛을 보지 못했지만, 「서문」을 통해서 이 시기 마르크스가 왜, 무슨 속셈으로 헤겔 법철학을 비판했는지를 알 수 있어요. 또한 나중에 마르크스주의에서 중요해지는 프롤레타리아트의 역할이 처음으로 언급되기도 해요.

① "독일에서 종교의 비판은 본질적으로 벌써 끝난 얘기다. 종교에 대한 비판은 모든 비판의 전제다."(앞의 책, 415쪽)

─이는『기독교의 본질』(1841년)을 비롯한 포이어바흐의 저작을 염두에 둔 말이겠죠. 그 요점은 종교가 인간을 만드는 것이 아니라, 인간이 종교를 만들었다는 것이었어요.

② "종교는 인간존재가 참된 현실성을 지니지 않는 경우에 일어나는 인간존재의 환상적 실현이다." "민중의 환상적 행복인 종교를 폐기하는 일은 민중의 현실적 행복을 요구하는 일이다 (……) 그러므로 종교의 비판은 종교를 후광으로 삼는 고통스러운 현실 세계의 비판을 내포하고 있다."(앞의 책, 415쪽)

─종교는 이 사회에서 느끼는 불안을 천상의 '환상적 행복'으로 슬쩍 바꾸는 '민중의 아편' 역할을 합니다. 그 아편을 버리고 살아가려면 민중은 현재 살고 있는 사회의 개혁을 향해 나아가지 않으면 안 된다는 말이지요.

③ "인간의 자기소외에 덧씌워진 신성한 모습이 가면을 벗은 이상, 신성하지 않은 모습으로서 자기소외의 가면을 벗기는 일이 당면한 역사에 봉사하는 철학의 과제가 된다. 이리하여 천상의 비판은

지상의 비판으로 바뀌고, 종교의 비판은 법의 비판으로, 신학의 비판은 정치의 비판으로 바뀐다."(앞의 책, 416쪽)

　　—이제는 천상이 어떠한가가 아니라 지상에 있는 현실 사회를 규명하는 것이야말로 철학(학문)의 과제가 된다는 말이지요.

　　그러나 마르크스는 이러한 인식에 근거하여 곧바로 독일의 법이나 정치에 대한 비판으로 나아갔던 것은 아니에요. 마르크스의 생각으로는 인간 사회의 근대성을 이룩한 기준으로 볼 때 프랑스 같은 나라에 비추어 독일의 제도는 '시대착오'라고 할 만큼 뒤떨어졌고, 그것을 비판할 만한 성숙한 단계에 오른 것은 오로지 철학밖에 없었어요. 철학이야말로 독일에서는 이 지상에 속한 커다란 요소의 하나인데, 그 최고의 표현이 헤겔의 국법론 속에 나타나 있었지요. 그렇기 때문에 우선 철학을 비판하지 않으면 안 된다고 본 것이지요.

　　④ "우리는 역사적으로는 현대의 동시대인은 아니지만, 철학적으로는 현대의 동시대인이다." "따라서 (……) (독일) 철학을 비판한다면, 우리의 비판은 현대가 바로 그것이 문제라고 말하는 그 문제의 한복판에 서 있는 것이 된다." "독일의 법철학과 국가철학은 공식적으로 근대적인 현재라고 평가를 받는 유일한 독일사다." "(그것은) 헤겔에 의해 가장 철저하고 가장 풍부하며 궁극적인 표현을 얻었다." (앞의 책, 420~421쪽)

프롤레타리아트의 발견

「서문」의 또 하나 중요한 내용은 초고 「헤겔 국법론 비판」에는 등장하지 않는 프롤레타리아트가 독일인의 인간적 해방을 달성할 현실적인 주체로서 등장한다는 점이에요.

① "그래서 다음과 같은 문제가 나온다. 독일은 원리 수준으로 고양된 실천에 도달할 수 있을까? 다른 말로, 독일은 근대 국민에 걸맞은 공식적인 수준으로 자신을 끌어올릴 수 있을 뿐 아니라, 이들 국민이 장래에 도달하게 될 인간적인 수준까지 끌어올리는 혁명에 도달할 수 있을까?"(앞의 책, 422쪽)

─독일은 풍부한 철학에 도달한 나라답게 현실 사회의 개혁에 성공할 수 있을까? 그것도 프랑스에서 달성한 '근대'의 수준까지 올라갈 뿐 아니라, 그 다음 단계인 인간적인 해방의 차원까지 올라갈 수 있을까? 여기에서는 이렇게 묻고 있어요. 그리고 마르크스는 그것을 달성할 수 있는지의 여부는 형성 과정에 있는 프롤레타리아트의 이론적 성숙에 달려 있다고 지적하지요.

② "이론은 그것이 대중을 사로잡는 순간 물질적인 힘으로 변한다. 이론은 **사람을** 향해 호소하듯이 논증을 할 때 대중을 사로잡을 수 있고 이론이 근본적일 때 **사람을** 향해 호소하듯이 논증하게 된다. '근본적'이란 사태를 뿌리에서 파악하는 것을 말한다."(앞의 책,

422쪽)

─이것은 마르크스를 좋아하는 사람에게 널리 알려진 구절인데, 마르크스는 '이론'이 결코 무력한 것이 아니라 많은 사람의 마음을 사로잡는다면 사회를 변화시킬 힘이 될 수 있다고 말해요. 그러기 위해서 이론은 사물(근대 사회의 구조)을 근본에서 파악하고 사회 변혁의 내용을 명쾌하게 제시할 수 있어야 하며, 독일 철학을 그러한 것으로 발전시킬 필요가 있다고 했어요.

③ "독일 해방의 적극적인 가능성은 어디에 있는가?" "그것은 근본적인 족쇄에 묶인 어떤 계급의 형성 속에 있다. 시민사회의 계급이면서 시민사회의 어떤 계급도 아닌 계급 (······) 인간의 완전한 상실이며, 따라서 인간의 완전한 회복에 의해서만 자기 자신을 획득할 수 있는 영역, 이러한 어떤 영역의 형성 속에 있는 것이다. 사회의 이러한 해소를 체현하는 특수한 신분, 그것이 프롤레타리아트다." "프롤레타리아트는 갑자기 도래한 산업 운동을 통해 이제야 독일에서 생성되기 시작했다."(앞의 책, 427쪽) "독일인의 해방은 인간의 해방이다. 이 해방의 두뇌는 철학이며, 그것의 심장은 프롤레타리아트다."(앞의 책, 428쪽)

─그러한 이론을 몸에 익혀 행동하여 인간의 해방을 달성하는 주체가 되는 것은 근대적인 산업이 산출해낸 프롤레타리아트란 말이지요.

프랑스 혁명의 연구에서 출발

또한 이 시기 마르크스는 논문 뒷부분에 나오는 '계급'이나 '프롤레타리아트' 같은 용어를 정의하거나 해설하지 않았어요. 앞의 편지에서 보았듯이, 4년 뒤에 쓴『공산당 선언』에는 이러한 용어가 마르크스주의의 키워드로 자리 잡고 있지요. 하지만 마르크스는 그의 여러 문헌에 이 용어들이 등장하는 '최초'의 순간에는 거의 그것들을 음미하고 있지 않아요(그것은 『전집』에 수록된 동시기의 문헌, 편지에도 전혀 없지요). 그러니까 적어도 이 단계에서는 마르크스도 상식을 좇아 당시에 기본적으로 쓰이던 의미 그대로 이런 용어를 쓰기 시작했다고 볼 수 있어요.

1843년 10월, 《독불연감》을 발행하기 위해 마르크스는 결혼 직후에 부인 예니와 파리로 옮겨 연말부터 프랑스 혁명 연구에 집중적으로 힘을 쏟아요. 그것은 「서문」의 집필 시기와 딱 겹치는데요, 그는 그곳에서 프랑스 혁명의 연구 성과를 검토하는 가운데 낡은 사회의 지배자였던 귀족이나 성직자 등과 싸우는 프롤레타리아트나 부르주아지로부터 근대적인 계급의 모습을 발견했어요. 그리고 그러한 용어에 노동자 계급이니 자본가 계급 같은 의미를 내포시켜 새로운 용어법用語法을 만들기도 했어요. 프롤레타리아트나 부르주아지를 하나의 계급으로 나타내는 용어법은 혁명이 일어난 프랑스에서 독일이나 영국 등 유럽 각지로 퍼져나갔다는 연구도 있는 모양이더군요.

나중에 마르크스는 "근대 사회에서 여러 계급의 존재를 발견한 것도, 계급 사이의 상호 투쟁을 발견한 것도, 특별히 내 공적은 아니다. 부르주아 역사가들은 나보다 훨씬 전에 이러한 계급투쟁의 역사적 발전을 서술한 바 있고, 부르주아 경제학자들은 계급의 경제적 해부학을 서술해왔다"(「바이데마이어에게 보낸 편지」, 1852년 3월, 『전집』 제28권, 407쪽)고 썼어요. 하지만 「서문」은 계급이라는 개념에 주목하여 그것을 심화시켜나가는 출발점이 되었다는 점에서 마르크스의 사상 형성에서 커다란 의의를 지닌다고 할 수 있겠지요.

소년 마르크스가 느낀 행복

마지막으로 앞에서 이야기한 마르크스보다 훨씬 더 젊었던 열일곱 살 마르크스가 쓴 「직업의 선택에 관한 어느 청년의 고찰」에 나오는 한 구절을 소개할까 해요.

"어떤 지위를 선택할 때 우리를 이끌어주어야 할 주요한 안내 요소는 인류의 행복이며 우리 자신의 완성이다. 이 양쪽의 이해관계가 적대적으로 충돌하게 되어 한쪽이 다른 한쪽을 무너뜨릴 수밖에 없다고 생각해서는 안 된다. 도리어 인간의 본성이란 자신과 동시대 사람들의 완성을 위해, 그 사람들의 행복을 위해 일할 때에만 자기의 완성을 달성할 수 있게끔 되어 있다."(1835년 8월, 『전집』 제40권, 519쪽)

이것은 김나지움의 졸업 작품으로 쓴 글인데, 자신과 사회를 대립시켜서 파악하지 않고, '인류의 행복'과 '자신의 완성' 사이의 조화를 꾀하려고 하는 마르크스의 인생관이 이미 알기 쉽게 드러나 있어요. 이후 마르크스의 구체적인 사회론은 대대적으로 변화하지만, 여기에 드러난 인생관은 변함없이 이어지고 있습니다. 나는 학생 시절에 이 글을 읽고 무척 감격했는데, 여러분은 어떤가요?

이번에도 상당히 길어졌네요. 이렇게 된 가장 큰 이유는 마르크스를 읽고, 생각하고, 그것에 대해 글을 쓰는 일이 무척 즐겁다는 점에 있는 것 같아요. 으음, 이것 참 난처한 일이네요……

편지 4

우치다가 이시카와에게

                이시카와 선생님, 안녕하세요. 세 번째 편지 잘 받았습니다. 감사합니다.

    이번에 다룰 저작은 「헤겔 법철학 비판 서문」과 『유대인 문제』인데요, 이것도 꽤 씹는 맛이 있겠는데요.

    이 두 저작은 이시카와 선생님이 자세하게 해설해주신 대로, 초기 마르크스의 대표작이죠. 나도 몇 번이나 다시 읽었으니까요. 책장에 꽂혀 있는 문고본은 빨간 줄을 치기도 하고 여기저기 포스트잇을 붙여놓아 너덜너덜해요(이와나미 문고에서 나온 『공산당 선언』은 상태가 더 심해서 지난번 편지를 쓰면서 들추어 보다가 몇 쪽인가 떨어져 나가버렸어요).

    내가 이렇게까지 이 책들을 반복해서 읽으며 인용한 것은 공교롭게도 내 전문 연구 분야가 '유대인 문제' 이기 때문이었어요. 잘 알려져 있지는 않지만, 사실 난 프랑스 사상을 전공했는데요, 대학원 시절의 연구 주제 중 하나가 '프랑스의 반유대주의'였답니다.
잠깐 곁길로 새서 그 얘기를 해볼까요.

19세기 말 프랑스에서는 '반유대주의'라는 알 수 없는 근대 정
치사상이 탄생해요. 좀 낯설어할 독자들을 위해 해설을 하고 넘어
갈게요.

반유대적 감정은 유럽 세계에서는 지극히 자연스러운 것이죠.
기독교가 유대교의 '분파'로서 등장했으니 당연하고도 남을 일입
니다. 그 어떤 종교나 정치적 당파도 '분파가 생길 만한 필연적 이
유가 있었다'고 주장하기 위해서는 그들이 본래 속해 있던 '모태'
가 썩어 문드러져서 더 이상 소용이 없어졌다는 논리를 내세우지
않으면 안 되겠죠.

미합중국이 영국과 독립 전쟁을 할 때 영국의 통치 형태를 데
데하고 형편없다고 헐뜯었던 것과 마찬가지예요. 동일한 문화, 동
일한 종교, 동일한 언어 위에서 다만 정치 체제에 대한 생각만 달
리하는 경우라면 양자의 차이를 과대평가하게 되겠지요. 무슨 뜻
인지 알겠죠? 기독교도 이슬람교도 모두 유대교에서 파생한 종교
이기 때문에 애초의 시발점부터 반유대교적이라는 것은 논리적인
필연인 것입니다.

이윽고 유럽 전체가 기독교로 돌아선 중세에 이르러 반유대 감
정은 유럽인의 종교 감정의 '기준'이 되었어요. 무언가 기독교 세

계의 결속을 강화할 필요가 있을 때마다(전염병이나 전쟁을 치를 때마다) '저놈들이 문제야' 하며 유대인을 조직적으로 박해하곤 했지요.

과거 2,000년에 걸친 유대인 박해의 역사는 소개하는 것조차 민망할 정도예요. 그러한 반유대적 행동은 매우 감정적이기 때문에 '사상'이라 일컬을 만큼 체계적이거나 논리적인 기초를 갖춘 것은 아니에요. 어찌하여 이렇게까지 유대인을 미워하는지, 반유대적 행동을 저지르는 본인조차 설명할 수 없을 테니까요.

그런데 정치사상으로서의 근대적 반유대주의는 그러한 증오의 감정을 '설명'하는 논리예요. 19세기 말에 정치사상으로서의 반유대주의가 정식화되었다는 말은 그때부터 사람들이 '증오'라는 감정에 근거하지 않고도 지성적이고 사무적으로, 또 효율적으로 유대인을 죽일 수 있게 되었다는 것을 의미합니다. 나치의 '홀로코스트'(유대인 600만 명 대량 학살)야말로 근대적 반유대주의가 거둔 최대의 '성과'라고 하겠지요.

19세기 후반에 나타난 근대적 반유대주의는 그때까지 존재하던 종교적인 반유대적 감정을 핵심으로 삼고, 거기에 다양한 정치적 환상을 덧붙여서 만들어낸 이데올로기적 아말감 같은 것이에요. 유감스럽게도 마르크스의 유대인론에서는 근대적 반유대주의에 흘러든 생각의 일부가 검출되고 있어요. 이 점에 대해서는 꼭 이야기를 해두어야 할 것 같아요.

오해를 피하기 위해 미리 말씀드리는데, '청년 마르크스는 반 유대주의자였다'는 거칠고 단편적인 결론을 끌어내기 위해 이런 말을 하는 것이 아니랍니다(실제로 그러한 논리를 동원하여 마르크스를 신랄하게 비판하는 사람도 적지 않지만요). 그게 아니라 마르크스 같은 천재라도 그 시대가 휩쓸려 있던 '독사doxa'(억견)를 떨쳐버리지 못한 부분이 있었다는 것을 말해두고 싶은 것이죠.

이 책은 오로지 "마르크스는 정말 대단해! 천재야! 최고!" 하고 마르크스를 높이 기리기 위한 것이지만, 마르크스라고 해서 온갖 문제에 대해 '정답'만 처방했던 것은 아니에요. 그도 사람인데 그럴 리가요…….

앞의 편지에서 쓴 것처럼 마르크스의 정치학과 경제 이론의 상당 부분은 현대에 들어와 충분한 실용성을 잃게 되었어요. 역사적 상황이 달라졌으니 당연한 일이지요. 그 어떤 천재라도 '이제부터 일어날 모든 일'을 예측하고, 그것을 설명할 수 있는 이론을 세우는 것은 가능하지 않아요. 그러니까 마르크스의 이론으로 잘 설명할 수 없는 일이 마르크스가 죽은 뒤에 줄줄이 나타나고 있다고 해서 그것이 마르크스의 뛰어난 점을 깎아내리는 이유가 될 수는 없다고 생각해요. 이만큼 다양한 사안을 훌륭하게 설명해준 '인류의 지적 은인'에게 '하나라도 설명하지 못한 사례가 있다는 것은 아무 것도 설명하지 못한 것과 같다'는 식으로 매몰차게 몰아붙이는 것은 대인배가 할 짓이 아니지요. 마찬가지로 '마르크스의 이론으로 모든 것을 설명할 수 있어. 마르크스의 이론은 어떤 역사적 상황에서도 오류가 없다니까' 하며 눈에 핏발을 세우는 원리주의자도 '대인배가 아닌' 점에서는 마찬가지예요.

그래서 나는 이 책에서 '이런 점은 마르크스도 제대로 설명하지 못했다고 봅니다' 하고 기탄없이 쓸 작정이에요('기탄없이' 쓰는 정도는 아닐지도⋯⋯). 마르크스의 흠을 잡자고 그러는 게 아니라, '마르크스가 제대로 설명하지 못한 것'이야말로 마르크스가 후대 세대에 남겨준 최대의 지적 선물이 아닐까라는 생각 때문이에요.

한번 생각해보세요. '마르크스 같은 천재라도 제대로 설명할 수 없었던 문제'라니까요. 결코 만만치 않은 문제라는 말이죠. 우리는 마르크스의 후대에 태어났기 때문에 생전의 마르크스가 알 턱이 없는 몇몇 역사적 사건을 알고 있어요. 하지만 그런 정보를 좀 알고 있는 정도로 '쓱쓱' 해결할 수 있는 문제일 리 없지요. 이런 말을 하면 중뿔나게 보일지 모르겠지만, '후지혜後知惠'[7]만 있으면 보통 사람이라도 대답할 수 있는 문제에 마르크스 정도나 되는 지성이 걸려 넘어질 리가 없지 않겠어요.

마르크스가 제대로 설명할 수 없었던 문제는 '역사적 상황 때문에(즉 정보 부족 때문에) 설명하기가 어려웠던 문제(그러니까 시간이 흘러 여러 가지 정보가 갖추어지면 간단하게 풀 수 있는 문제)'는 아닌 것이죠. 그게 아니라 본질적으로 어려운 문제인 겁니다. 마르크스의 동시대에 그러했던 것처럼, 현대인도 설명하기가 무척 곤란한 문제란 말이죠. 이 점을 독자 여러분은 먼저 염두에 두길 바랍니다.

　　그러면 이제 이번 편지의 논제로 넘어가죠. 유대인 문제에 대한 마르크스의 견지가 왜 뛰어난가, 또 그 문제점은 무엇인가에 대해 생각해보기로 할게요.

　　무엇보다도 역사적 배경을 이해해야 해요. 마르크스가 『유대인 문제』를 쓸 무렵 독일의 유대인은 법률적으로 '해방'되어 있었어요. 그 전까지 거주 지역이나 직업의 자유에 제한을 받던 유대인은 '공민'으로서 다른 독일인과 똑같이 시민권을 누릴 수 있게 된 것이지요. 하지만 반유대적인 감정은 뿌리가 깊었어요(이 당시의 상황은 1960년대에 일어난 미국의 공민권 운동을 떠올려보면 잘 알 수 있지 않을까요? 흑인에 대한 법률적 차별은 철폐되었으나 현실의 차별은 없어지지 않았으니까요).

　　"인종 차별을 근절한다는 것은 말하나마나 '좋은 일'이잖아. 유대인이 해방되었으니 그것으로 된 것 아니야? 어째서 마르크스는 거기에 대해 뭐라고 주절주절하고 있지?" 혹시 여러분은 이런 생각을 품고 있지 않았나요? 이시카와 선생님이 『유대인 문제』에서 마르크스가 설파한 논의를 알기 쉽게 정리해주긴 했지만, 여러분은 그것을 읽고도 솔직하게 말해, '에구, 복잡해서 골치만 아프고 잘 모르겠는걸……' 하지는 않았나요?

　　실은 '에구, 복잡해서 골치만 아프고 잘 모르겠는걸……' 해도 전혀 문제가 안 된답니다. 아까도 말했지만, 유대인 문제는

2,000년의 역사를 지닌 사회 문제일 뿐 아니라 아직도 해결되지 않았으니까요. 그 '해결법'에 대한 논의를 한 번 쓱 읽었다고 해서 금방 알게 될 리가 없잖아요.

마르크스가 역점을 둔 것은 유대인 해방 '그 자체'가 아니에요. '해방'의 전 단계에 포함되며 의식의 표면으로 떠오르지 않은 것, 다시 말해 누구의 해방이며 무엇으로부터의 해방인지를 문제 삼고 있는 것이에요.

'해방'을 '그림'에 비유하자면, 마르크스는 '그림'보다 '액자'를 보고 있었던 셈인데요. 그런데 왜 '액자'를 보지 않으면 안 될까요?

이런 상태를 상상해보면 어떨까요? 인종 차별이 있는 어떤 나라에서 자유주의 성향의 정치가와 사회 활동가의 노력으로 '인종 차별철폐법'을 제정했다고요. 의회는 법안을 가결하고 정부는 그 법을 엄숙하게 실행했어요. 자, 이런 경우에 무슨 일이 벌어질까요?

'차별이 없어진 것 아니야?' 여러분은 이렇게 생각하겠지요.

예, 차별이 철폐되었어요. 그뿐입니다. 하지만 의식하지 못하는 사이에 또 하나의 국민적 합의가 성립되었다는 점을 간과할 수 없어요.

그것은 "우리 나라의 통치 시스템은 참 잘 돌아가고 있구나"라는 합의예요.

바꾸어 말하면, '그게 뭐 잘못인가? 합법적인 수순을 밟아서 차별을 철폐했으면, 꽤 괜찮은 사회라고 할 수 있는 것 아니야? 그런 정치 시스템이라면 충분히 건전하게 기능하고 있는 것 같은데……' 하는 것이죠.

마르크스는 그러한 무언의 동의가 성립되어버리는 것에 대해 강한 위기감을 느끼고 있었어요.

이시카와 선생님이 정리한 마르크스의 주장을 다시 한 번 찬찬히 읽어보세요.

"바우어는 '정치적 해방이 인간적 해방과 어떤 관계에 있는가를 연구하지 않고, 그렇기 때문에 단지 정치적 해방과 일반적인 해방을 무비판적으로 혼동' 하고 있다."

마르크스가 이렇게 쓴 것은 곧, "이봐, '정치적 해방' 과 '인간적 해방' 은 다르단 말이야" 하는 말을 하기 위해서였죠.

'정치적 해방', 즉 법률에 의해 '인종 차별을 하면 안 됩니다' 라고 정하는 것은 물론 '일보 진보' 겠지요. 하지만 마르크스는 이렇게 말해요. "그건 하나의 '진보' 일 뿐 종점은 아니야. 이야기를 거기에서 끝내버리면 안 된다고. 유대인은 정치적으로는 해방되었어도 인간적으로는 아직 해방이 안 되어 있거든."

왜냐하면 이때 말하는 '정치적 해방' 이란 '보통의 독일인과 비슷한 정도의 정치적 권리를 누릴 수 있다' 는 점에 지나지 않기 때문이지요. 만약 이 시대를 살던 '보통의 독일인' 이 누리던 정치적 권리가 인간이 본래 누려야 할 인간적 권리의 극히 일부분에 지나지 않는다고 한다면, 유대인은 정치적으로는 해방되었어도 인간적으로는 해방되지 않았다고 해야 하지 않을까요.

독일인들이 들어가 있는 '커다란 우리'가 있고 그 속에 유대인들만 들어가 있는 '작은 우리'가 있어요. 유대인이 정치적으로 해방되었다는 말은 '우리 속에 있는 작은 우리'에서 나와 '커다란 우리'로 들어간다는 것이에요.

독일인도, 유대인도(또는 프랑스인이나 미국인도 포함하여) 갇혀 있는 '커다란 우리'가 있는데, '정치적 해방'에 대해 이야기하는 사람들은 그 '커다란 우리'를 미처 못 보고 있는 것은 아닐까? 그 '커다란 우리'의 구조를 해명한다든가 거기에서 탈출하는 방법을 고찰하는 데는 지적 자원을 투자하지 않는 것은 아닐까? 마르크스가 묻고 있는 것은 이런 질문이랍니다.

근대 시민 혁명으로 유럽의 시민(부르주아)은 정치적으로 해방되었어요. 하지만 그것은 자기 이익의 추구를 그 무엇보다 우선시하는 이기적인 정신을 해방하는 것에 다름없었던 것은 아닐까? 마르크스는 이렇게 생각했어요.

확실히 시민 혁명 덕분에 신분제 사회는 무너지고 특권 계층은 (아무튼 제도적으로는) 해체되었어요. 그 다음에 출현한 것이 약육강식에 미쳐 날뛰는 경쟁 사회였는데요. 이 사회에서 능력 있는 자는 높은 서열 쪽에 올라서서 권력이나 재화, 정보, 문화 자본을 점유하고, 무능한 자는 사회의 낮은 쪽에 자리 잡고 배를 주리며 삽니다. 그래도 그런 일은 전적으로 자기 책임이지요. '정치적으로 해방된' 시민들은 누구나 할 것 없이 '자기 이익을 추구할 자유'에 대해서는 동등한 권리를 가졌기 때문이에요. 경쟁에서 패해도, 남에게 모욕을 당해도, 배를 곯아도 모두 자기가 감당해야 한다는 것이죠(어쩐지 어디선가 많이 들어본 말이죠?).[8]

그뿐만이 아니에요. 시민 혁명의 결과, 생명, 자유, 행복 추구의 자유와 함께 시민들은 '신앙의 자유', '스스로 선택한 종교적 제의를 행할 자유'를 손에 넣었어요.

마르크스 시대에 프랑스와 미국은 이미 시민 혁명을 완수하여 민주 정치를 실현했음에도 두 나라의 시민들은 지극히 강한 종교심을 지니고 있었어요. 과연 이것은 무엇을 뜻할까요.

정치적으로 해방되었는데 어째서 아직 종교심이 필요한 것일까? 마르크스는 이런 식으로 물음을 던져요.

종교가 존재하는 것은 종교를 통해서만 메울 수 있는 사회적 결함이 있기 때문이다……. 즉 민주 정치를 실현한 사회에는 고유한 사회적 결함이 있는 것임에 틀림없다……. 마르크스는 이렇게 추론을 해나가요.

"종교가 존재하는 것은 결함이 존재한다는 것이기 때문에 이 결함의 근원은 국가 자체의 본질 속에서 찾을 수밖에 없다. 종교는 우리에게 이미 세속적인 편협함의 원인이 아니라 다만 그것의 현상에 지나지 않는다고 생각한다."(『유대인 문제 · 헤겔 법철학 비판 서문』, 19쪽, 강조는 마르크스. 이하 같은 책에서 인용)

나는 마르크스가 피력한 종교에 대한 의견("종교는 인민의 아편이다")에는 상당히 이견을 갖고 있지만, 그 이야기는 나중에 기회가 있으면 하기로 하고 우선은 마르크스의 생각을 확인해두기로 하죠. 그러니까 마르크스는 근대 시민사회가 이룩한 위대한 달성이라고 할 '권리 추구의 자유'와 '신앙의 자유'야말로 도리어 인간이 이제껏 충분히 해방되지 못한 증거라고 생각했다는 것이죠.

이 명제의 앞부분에 대해서는 나도 이의가 전혀 없어요.

모든 사람이 자기 생각대로 이익을 추구할 수 있는 사회가 인간 해방이 실현된 이상 사회라고 생각하는 것은 아니니까요. 시민사회에서 시민들이 누리고 있는 것은 '고립의 자유'예요. 누구에게도 폐를 끼치지 않는 대신 누구도 폐를 끼치지 못하게 할 권리. '고립되어 자기 안에 콕 틀어박혀 있는 모나드〔단자〕로서 누리는 인간의 자유'(앞의 책, 43쪽)라고나 할까요. 인간과 인간이 이어져 있는 것이 아니라 인간과 인간이 거리를 두는 것에서 더욱 커다란 가치를 찾는 것이 근대 시민이라고 마르크스는 생각했어요. 시민사회의 기초는 "자신의 재산, 자신의 소득, 자신의 노동 및 노무의 성과를 임의대로 향수하고 처분할 권리"(앞의 책, 44쪽)에 있다고 말이죠.

하지만 사람들이 아무 제약 없이 그러한 '이기적인 권리'를 행사할 수 있는 사회야말로 인류가 달성하고자 하는 이상적이고 완성된 사회라는 것이 정말일까요. 모든 사람이 '이기적인 인간'이자 "자기 자신 속에만 틀어박히고 자기 이익과 자기 생각에 갇혀 있으면서 공동체로부터 분리된 개인으로서의 인간"(앞의 책, 46쪽)이 되는 사회를 실현하기 위해 인류가 열심히 노력해왔다는 것이 사실일까요.

실제로는 미국의 '독립 선언'이나 프랑스의 '인권 선언'도 수많은 사람들이 조국과 동포를 위해 스스로의 목숨과 재산과 자유를 바쳐가면서 정치 투쟁을 벌인 성과로서 얻어낸 것이었어요. 그럼에도 이들의 영웅적이고 비이기적인 헌신의 목표가 "이기적인 인간의 권리 승인을 당당하게 선언"(앞의 책, 46쪽)하는 것이었다는 점을 마르크스는 납득할 수 없었어요.

물론 시민사회에서도 시민들은 자신의 이익만 추구하는 것은 아니에요. 정부에 자신의 권리 일부를 맡기고 법률을 제정하거나 법을 준수하며, 자기 호주머니를 털어 세금을 내고, 징병령이 떨어지면 무기를 들고 조국을 위해 싸우기도 해요. 이런 시민의 모습을 마르크스는 '공민'이라고 부르지요. 이는 공적인 기능이란 측면에서 규정한 시민을 가리키는 말이에요. 사리사욕을 채우려는 시민을 '속마음에 충실한 시민'이라고 한다면, 공민은 규칙에 따라 의무를 다하는 '원칙에 충실한 시민'이라고 하겠지요. 요컨대 시민은 '사인私人'과 '공민'이라는 두 얼굴을 갖게 되지요. 사인으로서는

자기의 이익을 추구하고, 공민으로서는 공동체의 이익을 추구하는
식으로······.

일본어에도 '공사公私를 혼동한다'는 말이 있는데요, 이것은
무슨 뜻일까요?

공무원이 자신이 주주로 있는 회사에 공공사업의 수주를 맡긴
다든가 하면 '공사를 혼동한다'고 하잖아요. 경찰관이 동료의 속도
위반을 눈감아주는 것도 '공사를 혼동한' 것이겠지요.

하지만 반대로 자식이 음주 운전으로 집에 돌아왔다고 해서 경
찰에 신고하여 자식을 체포하게 하는 부모를 가리켜 '공사를 혼동
한다'고는 하지 않아요. 자기 은행 계좌에 있는 돈을 깜빡 잘못해
서 시市의 계좌로 이체해버렸다고 해서 '공사를 혼동했다'고도 안
하지요.

'공사를 혼동한다'는 것은 사적 이익의 추구를 공익보다 우선
시하는 경우에만 해당하며, 그 반대의 경우는 절대로 있을 수 없다고
되어 있기 때문이에요.

'사인'이 인간이 본래 지닌 모습이라면, '공민'은 부자연스럽
다고 할까요, 원칙적이라고 할까요. 우리는 공민을 '사실은 그러기
싫지만 어쩔 수 없이' 맡아서 하는 역할에 지나지 않는다는 식으로
이해하고 있지요.

"결국 시민사회의 성원인 인간이 본래의 인간으로 간주되어 공
민citoyen과는 구별된 인간homme으로 여겨진다."(앞의 책, 52쪽)

근대 시민사회의 성원들은 '사인'과 '공민'이란 두 가지 모습으로 분열되어 있고, 사인의 모습이 본래적인 모습이라고 스스로도 굳게 믿고 있어요. 그런데 마르크스는 이렇게 말해요. "이봐, 그건 아무래도 이상하지 않아? '나만 좋으면 그만이지만, 이래라 저래라 하니까 할 수 없이 법률에 따를 수밖에'하는 인간을 만들어내기 위해 인류가 그렇게 피땀 흘리며 노력해왔단 말이야? 인간이 참으로 해방된다는 것이 그런 것은 아니지 않겠어?"

나아가 마르크스가 하는 말은 이렇습니다. "한 인간이 공과 사로 분열되어 있다는 것도 의심스럽고, 분열된 모습 중에 '이기적인 쪽'이 진짜 모습이고 '비이기적=공명公明한 쪽'이 가짜 모습이라는 것도 이상할 뿐이야. 그게 아니라 참으로 해방된 인간이 있다고 한다면, 그것은 분열되어 있는 존재가 아니라 이웃이나 공동체 전체를 늘 배려하고, 그런 일을 진심으로 기쁘게 할 것이 분명해. 그리고 논리적으로 생각해보면 그런 인간이 어딘가에 있는 것이 아니라 그런 인간을 지향하지 않으면 안 되는 것 아닐까?"

마르크스는 그러한 인간을 '유적類的 존재'라고 불렀어요. 어쩐지 낯설게 들리는 이 '유적 존재'란 도대체 무엇일까요?

마르크스의 정의에 따르면 '유적 존재'란 "현실의 개체적 인간이 추상적인 공민을 자기 안에서 되찾은" 상태를 가리켜요. 시민사회에서는 '공사의 혼동'이 어디까지나 '공보다 사를 우선한다'는 것임에 비해, 유적 존재는 공과 사를 문자 그대로 일치시킨 상태라고 보면 될 것 같아요(말은 이렇게 하지만, 우리는 실제로 '공사를 일치시키는 인간'을 본 적이 없기 때문에 상상하는 것 자체가 매우 곤란하리라고 생각됩니다).

마르크스는 인간이 자기 이익을 최우선으로 추구하는 것을 멈추고 자신의 행복과 이익에 신경 쓰는 만큼의 열의로 이웃의 행복과 이익에 신경을 쓰는 '유적 존재'가 되는 것을 '인간 해방의 완수'라고 봤어요.

나는 이런 사고방식(곤란한 목표이기는 한 것 같지만)이 옳다고 봅니다. 스스로도 부족하나마 될 수 있는 한 이런 방향으로 '유적 존재'가 되도록 노력하려고 해요(진심으로!).

하지만 '시민에서 유적 존재로'라는 알맹이에는 찬성하면서도, 이것을 '유대인 비판'의 형태로 전개하는 마르크스의 방식에는 상당한 위화감을 느껴요.

"궁극적인 의미에서 유대인의 해방은 유대교로부터의 인간 해방이다"(앞의 책, 58쪽), 그리고 "유대인의 사회적 해방은 유대교로부터의 사회 해방이다"(앞의 책, 67쪽)라고 마르크스는 쓰고 있는데요. 여러분도 이 말을 듣고 '엥? 어째서 얘기가 그렇게 되나?' 하고 당황스럽지는 않았는지요? 마르크스는 어떤 이유로 그런 실천적인 결론으로 비약한 것일까 하고 말이죠.

그건 말이에요. 마르크스는 자신의 이익 추구를 모든 것보다 우선시하는 '시민' 가운데 가장 두드러지는 존재가 유대인이라고 여겼기 때문이랍니다.

"유대교의 현세적 기초는 무엇인가? 실제적인 요구, 사적 이익이다.

유대인의 세속적 제사는 무엇인가? 악착같은 장사다. 유대인의 세속적인 신은 무엇인가? 화폐다.

옳지! 그러면 악착같은 장사로부터, 그리고 화폐로부터 해방되는 것, 따라서 실제 현실의 유대교에서 해방되는 것이 곧 현대의 자기 해방이겠구나."(앞의 책, 57~58쪽)

솔직히 말해서 이러한 추론에는 눈곱만큼도 합리성이 없다는 생각이 드는군요. 유대교는 어떤 종교인가? 유대인들이 당시 유럽에서는 어떤 생활을 누렸는가? 마르크스는 이 점을 물론 잘 알고 있었어요. 본인 자신이 유대교의 랍비(율법학자)의 아들이었으니까요. 게다가 이러한 서술 방식은 공정하지 않다고 봅니다.

분명히 유대인들은 온갖 장사에 종사했고 고리 대금업이나 은행업은 독점하다시피 했지만, 그렇게 된 근본적인 원인은 중세 이래의 유대인 차별이었어요. 유대인은 토지를 소유할 수 없었거든요. 농업도 그렇고 제조업에도 손을 댈 수 없었던 유대인이 금융업의 대부분을 차지했던 까닭은 전통적으로 기독교가 이자 소득을 금지했기 때문이에요. 근대에 들어와 유대인이 시민의 신분으로 해방된 후에도 전통적인 업계에서는 그들을 기피했어요. 이를테면 미국에서도 유대인 이민자는 어디에도 끼지 못하고 기존 업계의 '틈새'⁹를 뚫고 살아갈 수밖에 없었어요. 그리하여 나중에 유대인이 미국의 은행업, 저널리즘, 쇼비즈니스를 '지배' 하게 된 것은 그런 일 자체를 그들이 만들어냈기 때문이에요(스스로 새로운 업종을 창출하는 것 이외에는 생계를 이어갈 길이 없었던 것이죠).

근대 시민사회에서 유대인이 살아간 모습은 결코 유대인 스스로 선택한 것이 아니에요. 나는 비유대인들이 유대인들을 그러한 삶의 방식으로 내몰았다고 생각합니다.

여러분이 속한 학급에서 딱 한 사람만 출신지가 다르다는 이유로 모두에게 미움을 받고 있다고 가정해보세요. 모두들 못살게 군 탓에 그 애는 성격이 비뚤어지고 자기밖에 생각할 줄 모르는 못된 애가 되어버렸어요. 그 애를 붙잡아놓고 이렇게 말하는 사람이 있다고 칩시다. "너는 자기 이익밖에 생각할 줄 모르는 인간이구나. 너야말로 이기적인 현대인의 전형이야. 우리는 너를 그러한 잘못된 삶에서 해방시키지 않으면 안 돼. 그것은 너 같은 삶에서 우리를 해방하는 일이기도 하거든……." 어때요? 이것 역시 '제멋대로 갖다 붙인 주장' 처럼 들리지 않나요? 미안한 말이지만, 마르크스가 앞에서 한 말은 대강 이와 비슷하다고 볼 수 있어요.

"시민사회는 자신의 내장에서 끊임없이 유대인을 쏟아낸다"(앞의 책, 62쪽)라든지, "유대인의 환상적인 국적은 상인, 일반적으로 금전적인 인간의 국적이다"(앞의 책, 63쪽)라든지, "유대교는 시민사회의 완성과 함께 그 정점에 달한다"(앞의 책, 65쪽) 같은 서술을 보고 있자면, 마르크스가 여기에서 일컫는 '유대인'이란 현실의 유대인이 아니라 비유적인 의미일 수도 있겠구나 하는 생각마저 드는데요. 마르크스는 '유대인'이라는 단어를 '자신의 이익을 최우선으로 추구하는 기독교도'에도 적용하고 있거든요.

"유대인은 기독교도가 유대인이 되는 정도에 비례하여 그만큼 자신을 해방한 것"(앞의 책, 59쪽)이라고 마르크스는 쓰고 있어요. 그 시대에 유럽에서 기독교도가 유대교로 개종하는 일은 꿈에도 있을 수 없는 일이기 때문에 여기에서 말하는 '유대인'이란 역사적이고 종교적인 의미의 유대인이 아니라 '유대인 같은'이라는 형용사라는 것을 알 수 있어요.

그렇다고 해도 앞에서 말한 것처럼 이런 서술 방식은 공정하지 않아요.

'유대인'이라는 말을 실제로 존재하는 사회 집단을 가리키는 명사가 아니라 비유대인도 수식할 수 있는 **범용성이 높은 형용사**라는 점을 당시 독자들이 아무리 충분히 인지하고 있었다고 해도, 이런 식으로 언어를 구사해서는 안 될 일이었다고 생각해요.

아까 잠깐 언급한 바 있는 근대적 반유대주의는 에두아르 드뤼몽Édouard Drumont이라는 프랑스의 저널리스트에 의해 '완성'되었다고 하겠는데, 역사적인 베스트셀러가 된 『유대적 프랑스La France juive』(1886)에서 드뤼몽은 40년 전에 마르크스가 구사한 것과 똑같은 논리를 폈어요. 바로 "프랑스인은 유대화enjuive되었다"고 쓴 것이지요.

19세기 말, 유럽에서 근대화와 도시화는 더욱 진전되고 화폐경제가 활성화되면서 해방된 유대인의 사회 진출이 유난히 눈에 띄게 두드러졌는데요. 그때 드뤼몽이 "프랑스인은 모두 유대인이 되었다"고 쓴 것이죠. 물론 기독교도인 프랑스인이 유대교로 개종한 것은 아니에요. 드뤼몽은 '배금주의자', '이기주의자', '코즈모폴리턴' 같은 경향을 싸잡아 '유대인'이라고 불렀던 것이죠.

하지만 '프랑스에서 유대인을 몰아내자'와 같은 구체적인 정치적 제언으로 이야기가 흘러가면서(드뤼몽은 유럽의 유대인들을 팔레스타나로 보내서 그곳에 정착하도록 한 시오니즘의 주장을 훨씬 앞서 펼친 것이라고 볼 수 있어요), 드뤼몽이 지목한 것은 '이기주의적인 프랑스인'이 아니라 역사적으로 형성되어온 어떤 사회 집단이었어요.

동일한 명사를 가지고 어떤 때는 '누구한테라도 적용할 수 있는 형용사'로 사용하고, 어떤 때는 '어떤 사회 집단만 가리키는 명사'로 쓰는 것……, 이런 속임수에 가까운 언어 구사를 종횡무진 활용함으로써 드뤼몽은 '홀로코스트'의 비극을 자행한 나치스를 비롯하여 반유대주의의 이론적 기초를 다졌던 것이죠.

드뤼몽은 물론 마르크스를 아마 읽지 않았을 거예요(어려운 사상은 이해할 수 없는 사람이었으니까요). 하지만 드뤼몽 시대의 좌익들은 드뤼몽의 이러한 비논리적 언어 구사에 대해 경계심을 품지 않았어요. 그렇기는커녕 드뤼몽을 동지로 맞이하는 사회주의자들도 적지 않았지요.

이렇듯 유럽의 좌익이 (현대에 이르기까지) 유대인 문제를 논할 때 보여주는 '허술한 자세'에는 유감스럽게도 마르크스의 『유대인 문제』도 일정한 영향을 끼치지 않았나 싶어요.

앞에서도 이야기했듯이 마르크스는 탁월한 사상가였지만 그의 모든 주장이 절대적으로 옳지는 않다는 점을 잊지 말아주세요.

아, 유대인 문제를 다루는 데 지면을 지나치게 써버려서 「헤겔 법철학 비판 서문」을 다룰 여유가 없어졌네요. 그래서 꼭 얘기하고 싶은 것, 딱 한 가지만 언급하고 넘어갈게요.

이시카와 씨가 꼼꼼하게 해설을 했기 때문에 내용에 대해서는 논의하지 않겠지만, 한 대목만큼은 지적하지 않고 넘어갈 수가 없네요.

"일 국민의 혁명과 시민사회의 일 특수계급의 해방이 일치하고, 하나의 입장이 사회 전체의 입장으로 통용되기 위해서는 거꾸로 사회의 모든 결함이 어떤 한 계급으로 집중되지 않으면 안 된다. 또한 어떤 특정한 입장이 일반적 장애의 입장, 일반적 장벽[구속]의 화신이지 않으면 안 된다. 나아가 어떤 특수한 사회적 영역이 사회 전체에 대한 악명 높은 침해로 간주되고, 그래서 이 영역에서의 해방이 보편적인 자기 해방으로 여겨지지 않으면 안 된다. 어떤 하나의 입장이 특별한 의미에서 해방하는 입장이기 위해서는 거꾸로 다른 하나의 입장이 공공연한 억압의 입장이지 않으면 안 된다." (앞의 책, 91쪽)

나는 이러한 추론에 동의할 수가 없군요. 결국은 내가 '계급투쟁'이라는 틀 자체에 대해 회의적인 태도를 품고 있기 때문에 그럴 것인데, 역시 위와 같은 논지는 논리적으로도 경험적으로도 '의심스럽다'고 봅니다.

사회에서는 어느 특정한 집단으로 모순이 집중되는 경우가 있지요. 그 집단이 짊어진 왜곡이나 불합리가 사회 전체의 왜곡이나 불합리를 집약적으로 표현하는 경우가 확실히 있어요. 그 집단이 껴안고 있는 문제를 해결하기 위해서는 제도 자체의 측면에서 사회 전체를 다시 살펴볼 필요가 있는 것도 물론이고요.

하지만 거꾸로 사회 전체의 왜곡이나 불합리를 모두 어떤 특정 집단의 '죄'로써 설명할 수는 없지 않을까요? 어떤 집단을 배제하기만 하면 사회 전체가 정화되어 본래의 건전함을 회복할 수 있는 그런 편리한 집단이 있을까요? 그런 집단이 있다면 확실히 사회를 개혁하는 일이 매우 간단해지겠지요. 그러나 경험적으로 볼 때 그렇게 입맛에 맞는 '악의 집단'은 존재하지 않아요.

사회의 왜곡이나 불합리는 보통 시스템 전체에 걸친 제도적 피로가 쌓이면서 나타나는 법이죠. 어딘가 한 군데는 병이 들었지만 나머지는 모두 건강하니까 외과 수술로 병든 부위만 도려내면 곧

바로 시스템이 원상회복될 수 있다는 식으로, 사회 제도는 단순하거나 열등하지 않아요.

한꺼번에 사회를 개선하고 싶다는 마르크스의 소망이야 굳이 말로 안 해도 잘 알 수 있어요. 목전에 '환부'로 보이는 '특수한 사회적 영역'을 격리하고 배제하거나 숙청해서 '한꺼번에 사회를 개량하자'는 수많은 운동이 마르크스의 저작 이후에도 끊임없이 벌어지곤 했지요. 하지만 소련의 스탈린도, 중국의 마오쩌둥도, 캄보디아의 폴 포트[10]도 얻은 것보다 잃은 것이 훨씬 많지 않았나요?

사회의 악(장애나 죄, 억압)은 특수한 사회적 영역이나 특수한 사회적 입장에 집약되어 있으니까 그것만 도려내면 사회는 나아질 것이라는 견해는 솔깃한 '이야기'에 지나지 않아요.

사회의 악은 사회 전체에 좍 퍼져 있어요. 사회 구성원 전체가 각각의 방식으로 사회를 '나쁘게 만드는' 움직임에 가담하고 있는 셈이죠. 경험을 통해 나는 그렇게 배웠어요. 그러니까 사회를 살기 좋은 곳으로 만들고 싶다면, 자기 외부의 어딘가에서 '일반적인 장애나 구속', '잘 알려진 죄', '공공연한 억압의 입장'을 찾아내려고 하기보다는 우선 자기 자신을 스스로 살펴야 할 것 같아요. 다시 말해 내 자신이 나만의 방식으로 이웃에게 '장애나 구속'이 되고 있지는 않은지, '아무에게도 알려지지 않은 죄'를 범하고 있지는 않는지, 누군가에게 '은연중 억압의 입장'을 취하고 있지는 않는지 묻는 일부터 출발해야 하지 않을까요? 그렇게 해서 사회가 갑자기 좋아진다고 보지는 않지만, 지금보다 나빠지는 것을 막을 수는 있지 않을까요?

마르크스는 사회 전체를 '특별한 의미에서 해방하는 입장'에 있는 프롤레타리아트를 이 텍스트를 통해 끄집어내려고 해요. 프롤레타리아론은 마르크스의 사회 이론을 뒷받침하는 근간과 관련 있는 테제인데요, 솔직히 말씀드려 나는 이 이론에 유보적인 입장이에요.

나를 해방하는 것은 사회 전체를 해방하는 것과 같은 뜻이니까, 우선 나를 모든 멍에로부터 해방시키라는 말을 자기 입으로 말하는 인간을 나는 절대 신용하지 않아요.

이것은 논리적으로 맞다, 틀리다를 이야기하는 것이 아니라 신용할 것이냐, 아니냐 하는 극히 주관적인 이야기를 하는 것이랍니다. 입으로는 아무리 옳은 말을 하더라도 신용할 수 없는 인간은 신용하지 않는다……, 이것이 내가 이러저러하게 믿었던 놈들한테 발등을 여러 번 찍혀보고 나서 얻은 교훈이랍니다.

마르크스는 그런 사람은 아니에요. 마르크스는 스스로를 '족쇄밖에 잃을 것이 없는' 프롤레타리아라고는 여기지 않았으니까요(마르크스에게는 족쇄 이외에도 가족이나 친구, 동지 같은 '좋은 것'이 있었거든요). 그러니까 마르크스는 '프롤레타리아에게 모든 권리를!' 같은 테제를 증여의 구문으로 썼어요. 이 테제는 프롤레타리아가 아니라 마르크스가 '자신의 소유물'을 선물로 내주면서 하는 말이기 때문에 윤리성을 유지하고 있는 것이죠.

하지만 '나는 프롤레타리아'라고 자칭하는 인간이 '프롤레타리아에게 모든 권리를!' 하고 주장하는 것은 용서할 수 없어요. 논리적으로는 옳지만 윤리적으로는 옳지 않거든요. 인간은 자기가 손에 넣고 싶다고 바라는 것을 우선 다른 사람에게 증여함으로써만 손에 넣을 수 있다는 것, 이것도 내가 오랜 시간 살아오면서 확신하게 된 교훈의 하나예요.

아마도 프롤레타리아 개념을 이렇게 이해하는 것에 대해서는 이시카와 선생님에게서 "우치다 선생님, 그렇게 이해하면 안 돼요" 하고 질타가 날아오지 않을까 해요. 이 점에 대한 '밀고 당기기'도 포함하여 이 편지가 오래도록 계속되었으면 좋겠네요.

아, 너무 길어져버렸네요. 정말 죄송합니다. 이런 흐름으로 저서를 소개하다가는 도대체 몇 쪽짜리 책이 되어버릴지 걱정될 지경이네요.

인간에 대한 연민, 그 위대한 시작,
『경제학–철학 수고』

마르크스는 농민이 자신의 경작지 주변의 산이나 숲에서 마른 나뭇가지를 줍는 것을 프로이센 정부가 '절도'로 취급한 문제, 또는 정부가 포도 재배 농민에게 막대한 세금을 부과하는 문제와 부딪혀요. 철학이나 역사, 법률 문제에는 자신이 있던 마르크스지만 서민의 구체적인 경제생활을 검토하기는 처음이었지요. 후일에 그 시절을 떠올리고는 이렇게 적고 있군요. "이런 일이 내가 경제 관계에 매달리게 된 최초의 계기가 되었다."

이시카와가 우치다에게

우치다 선생님, 안녕하세요. 계절은 흘러흘러 어느덧 봄은 가고 여름이 왔구나 싶더니 눅진한 장마철이 다가왔네요. 하지만 올해의 장마는 여느 때보다 늦은 듯해요. 최근에 저는 효고 현 지사[1] 선거에 시간을 많이 뺏기고 있어요. 아니, 빼앗긴다는 표현은 좀 그렇고, 자진해서 시간을 할애하고 있다고 해야겠지요. 덕분에 알면 알수록 한심한 정치 행태에 진절머리가 나버렸답니다.

며칠 전, 마침 그런 혐오스러운 정치를 재확인해주는 사건이 하나 일어났어요. 두 살배기 아이가 고열에 경련을 일으켜서 구급차로 병원에 실려 갔어요. 아내의 친정 쪽 동네였는데, 구급차가 오는 데 10분, 운송할 병원을 찾는 데 20분, 병원으로 이동하는 데 15분이 걸렸어요.

다행스럽게도 큰일을 치르지는 않았지만요. 효고 현에서는 구급 환자를 받아주는 공립 병원의 통폐합을 추진하고 있답니다. 현재 관심이 집중된 곳은 아마가사키의 쓰카구치 병원이에요. 여기는 연간 28만 명이 이용하는 곳으로 한 해에 구급 환자만 1,000명이나 실려 오는 곳이죠. 그런 병원에서 소아과와 산부인과를 다른 병원으로 통합해버린 다음 폐지하려고 한다네요. 그렇게 되면 구급차의 이동 시간은 확실히 길어지고 그만큼 주민의 목숨과 건강이 위험에 처하는 시간도 길어지겠지요. 통폐합의 논리는 '적자' 운영이에요. 다른 한편으로 현에서는 전국에서 유일하게 대기업 유치를 위한 보조금에 상한선을 두지 않고 있어요. 실제로 파나소닉 사에 보조금을 218억 엔 지급하려는 계획을 세우고 있지요. 이 회사는 부품을 현 바깥에서 들여올 뿐 아니라 신규 고용자 가운데 압도적 다수가 저임금 비정규직 노동자(최근에는 그마저도 해고하고 있죠)예요. 비용 대 성능 비율을 생각해보더라도 어느 쪽이 세금을 더 효율적으로 쓰는 것인지는 어린애라도 알 수 있을 텐데요.

경제학 연구의 첫걸음

이번 편지에서는 『경제학-철학 수고手稿』를 다루기로 했지요. 이것을 줄여서 그냥 『수고』라고는 하지 않고 『경제학 철학 초고草稿』라든지 『경철 수고』 또는 『경철 초고』라고 해요. '수고'든 '초고'든 둘 다 원고를 쓰기 전 단계라는 의미지요. 마르크스 시대에는 누구나 손으로 글을 썼으니까 '수고'만 굳이 손으로 쓴 원고라고 할 필요는 없는 것이고요.

다만 이 책이 나중에 『자본론』을 쓰는 데 밑바탕이 될 만큼 상당히 농익은 초벌 원고였다면, 그리고 그런 의미를 '초고'라고 한다면, 이를 『자본론』 초고라고 부르는 것이 통례였겠지만, 애덤 스미스 등 다른 사람의 책에서 인용한 글도 상당 부분 차지하기 때문에 '초고'와는 좀 구별하고 싶군요. 그래서 여기에서는 원고로서의 형식을 갖춘 정도나 내용의 완성도가 덜하다는 뜻에서 '수고'라고 번역할까 해요.

1932년 아도라츠키Adoratskij[12]라는 사람이 파리 시절 마르크스가 남긴 세 편의 수고를 독특하게 편집하여 출판한 것이 바로 이 『경철 수고』예요. 그러니까 마르크스 자신이 엮어낸 책은 아니지요. 「제1수고」는 전체의 4/5가 애덤 스미스 등 경제학자들의 책을 발췌하여 써놓은 것이고, 「제2수고」는 소실된 부분도 있고 해서 「제1수고」의 1/8 이하밖에 안 돼요. 「제3수고」는 「제1수고」만큼이나 길지만 이제까지 쓴 수고를 보충하는 내용을 도중에 써넣거나 마르크스가 출판하려던 책의 「서문」을 써 붙이거나 해서, 이 저작은 나중에 쓴 초고에 비하면 전체적으로 무질서한 노트 상태예요.

『경철 수고』가 그렇게 될 수밖에 없었던 이유는 무엇보다 마르크스의 경제학 연구 자체가 아직 미숙한 단계에 있었기 때문이라고 하겠지요. 『경철 수고』를 쓰던 시절의 마르크스―자세한 고증에는 이러저러한 내용들이 있지만 모두 1944년 봄에서 여름 사이라는 점은 일치해요— 는 경제학을 막 배우기 시작했을 때였어요. 자기 나름대로 경제학을 전개하는 이후의 마르크스를 생각하면 훨씬 못 미치는 지점에 있었지요. 덧붙여 마르크스가 처음으로 출판한 경제학 책은 그로부터 3년 뒤에 프루동을 비판한 『철학의 빈곤』 (1847년)이에요. 마르크스의 경제학은 보통 노동가치론이나 잉여가치론, 공황론 등을 이론적 배경으로 삼았다고 알려져 있지만, 『경철 수고』의 집필을 마친 스물여섯의 마르크스에게서는 아직 그러한 이론의 자취를 찾아볼 수 없어요.

이런 점을 떠올려보면, 『경철 수고』는 거의 같은 시기에 쓴 「밀 평주評注」— 제임스 밀의 『경제학 요강』을 검토한 글—와 함께, 마르크스가 세상을 떠나는 64세까지 꾸준히 행보를 계속했던 경제학 연구의 출발점이라는 점에서 역사적이고 기록적인 문헌으로 보아야 하겠지요.

《라인신문》에서 경제 문제와 직면하다

앞의 편지에서 소개했듯이, 대학을 졸업한 마르크스는 1842년 10월부터 1843년 3월까지 《라인신문》의 주필로 있으면서 프로이센 정부와 싸웠어요. 그 싸움을 통해 마르크스는 적지 않은 이론적인 성과와 과제를 얻었지요.

그중 하나가 현실적인 경제 문제와 직면했다는 것이었어요. 마르크스는 《라인신문》에서 농민이 자신의 경작지 주변의 산이나 숲에서 마른 나뭇가지를 줍는 것을 프로이센 정부가 '절도'로 취급한 문제, 또는 정부가 포도 재배 농민에게 막대한 세금을 부과하는 문제와 부딪혀요. 철학이나 역사, 법률 문제에는 자신이 있던 마르크스지만 서민의 구체적인 경제생활을 검토하기는 이번이 처음이었지요. 후일에(1859년) 마르크스는 그 시절을 떠올리고는 이렇게 적고 있군요.

"나는 처음으로 이른바 물질적인 이해관계에 대해 발언하지 않을 수 없어 곤란에 빠졌다", "이런 일이 내가 경제 관계에 매달리게 된 최초의 계기가 되었다."(『경제학 비판』에 보내는 서언 · 서설』, 12쪽)

그 후 마르크스는 새롭게 활약할 곳을 찾아 검열이 없는 파리에서《독불연감》이라는 새로운 잡지를 창간했어요. 여기에 『유대인 문제』(1843년 가을 집필)와 「헤겔 법철학 비판 서문」(1843년 말부터 1844년 1월까지 집필)이라는 두 편의 논문을 게재했다는 것은 앞의 편지에서 말했었지요. 거기에서는 '정치적 해방'과 '인간적 해방'의 구별이나 '프롤레타리아트'라는 계급의 발견 등이 논의의 중심 기둥이었는데요. 실은 이들 논문에도 마르크스가 경제학 연구로 나아가지 않고는 배길 수 없는 내적인 동기가 숨겨져 있었어요.

아까 소개한 회상 이야기의 계속인데요. 마르크스는 자신이 경제학을 깊이 연구하게 된 계기를 다음과 같이 정리하고 있어요.

"내가 머리를 싸매고 있던 의문을 해결하기 위해 처음으로 달라붙은 일은 헤겔의 법철학을 비판적으로 검토하는 것이었는데, 1844년 파리에서 발행한 《독불연감》에 그 서문을 게재했다. 내 연구가 도달한 성과는 다음과 같다. 즉 법적 관계 및 국가 형태는 그 자체로 이해해야 할 것도, 이른바 인간 정신의 일반적 발전이라는 측면에서 이해할 것도 아니다. 오히려 그것은 물질적인 생활 관계에 뿌리 내리고 있다. 이들 생활 관계의 총체를 헤겔은 18세기 영국인과 프랑스인의 선례에 따라 '부르주아 사회(시민사회)'라는 이름으로 총괄했으며, 나아가 부르주아 사회의 해부는 경제학을 통해 하지 않으면 안 된다고 말했다." (앞의 책, 13~14쪽)

마르크스가 경제학을 파고든 것은 자신의 사상적 성장에 따른 것이기도 했던 것이죠.

엥겔스의 논문에서 받은 충격

1843년 6월에 결혼한 마르크스는 얼마 동안 아내 예니의 친정이 있던 크로이츠나흐에 머무르면서 7~8월에 '크로이츠나흐 노트'를 만들었는데, 여기에는 경제학 저작이 한 권도 등장하지 않아요. 마르크스가 경제학 연구를 시작한 것은 1843년 10월 예니와 함께 파리로 이주하고 나서부터입니다.

경제학 연구의 첫 단계는 스미스나 세Jean Say[13]와 리카도 등 많은 경제학자의 저작을 발췌하고 그것에 대한 코멘트를 써넣는 방식이었어요. 이것을 '파리 노트'(전 9권)라고 부르는데 이 작업은

1844년까지 이어지지요. 그런데 마르크스는 바로 1844년에 재빠르게도 『경철 수고』를 써낸 것이에요. 그 후에도 노트 작성을 계속하는데, 1845년에는 '브뤼셀 노트' (전 6권)와 '맨체스터 노트' (마르크스 5권, 엥겔스 3권), 1845~1847년에는 '브뤼셀 노트'의 속편을 썼고요. 또 마르크스 자신이 출판한 최초의 경제학 책인 『철학의 빈곤』은 이 노트들을 작성하면서 연구한 내용을 바탕으로 1846년부터 1847년 6월까지 쓴 것이에요.

짐작하시겠지만, 이들 노트의 제목은 마르크스가 노트를 작성한 장소의 이름을 붙인 것입니다. 당시 마르크스는 시판하는 노트를 살 돈이 없어 직접 노트를 만들었어요. 신문처럼 적당한 크기로 자른 종이 몇 장을 겹쳐서 둘로 접은 다음 실로 묶은 것이었는데, 『경철 수고』를 적은 종이는 무언가의 포장지였다고 해요.(「초고의 상태」, 『마르크스 경제학·철학 초고』, 100쪽)

그런데 파리에서 몰두하기 시작한 마르크스의 경제학 연구에는 또 하나 커다란 외부의 자극이 있었어요. 그것은 영국에 있던 엥겔스가 보내온 논문 「국민경제학 비판 대강」(『전집』 제1권)인데요. 이 논문은 엥겔스가 「영국의 상태」(토머스 칼라일의 『과거와 현재』에 대한 서평)와 함께 《독불연감》을 위해 쓴 것을 편집자인 마르크스 앞으로 보낸 것이었어요.

영국은 애덤 스미스나 데이비드 리카도가 대표하는 고전파 경제학의 전통을 지닌 나라예요. 그곳에서 마르크스보다 한 발 앞서 경제학 탐구에 나선 엥겔스는 이 논문에서 발 빠르게 다음과 같이 스케일이 큰 문제를 제기했어요.

① '국민경제학' (엥겔스는 당시의 전통 경제학을 이렇게 불렀어요)의 내실은 '사적 소유의 정당성' — '사적 소유'란 마르크스의 용어로 말하면 자본주의 경제를 가리킵니다—을 의심하지 않는 '치부학致富學'이며, 이 사회의 경제적 지배자의 이익을 옹호하는 '사私 경제학이라고 불러야 할' 학문에 그치고 있다.(앞의 책, 543~547쪽) 그래서 '사적 소유'의 사회가 지닌 경제 관계의 구조를 객관적이고 전체적으로 분석하는 학문으로서는 불충분하다.

② '국민경제학'은 '사적 소유'의 사회를 인간 사회 일반이라고 파악해버리고, '사적 소유'의 사회가 지닌 경제 법칙을 인간 사회 일반이 역사의 어느 단계에서나 공통적으로 지니는 경제 법칙이라고 파악해버린다. 그래서 이런 경제학이 '적극적인 진보성'을 내포한 경우에도 그 성과는 언제나 '사적 소유의 법칙을 전개했다'는 틀 속에 머무르고 있다.(앞의 책, 546쪽) 이런 문제의식에서 '국민경제학'이 보여주는 여러 개념의 역사적 성격을 분명히 밝히겠다. 즉 그것들을 근본적인 경제 법칙의 '사적 소유' 단계에서 나타나는 것으로 다시 파악해가겠다. 이렇게 엥겔스는 경제학 발전의 새로운 방향을 제시했어요.

'국민경제학 비판'이라는 이러한 착상이 「국민경제학 비판 대강」에서 곧바로 구체적인 성과를 낳은 것은 아니에요. 하지만 경제학의 선행 연구 성과를 어떻게 극복할 것인가 하는 문제에 대해 새롭게 중요한 방법을 제시했다는 점에서 이 논문은 마르크스에게 아주 선명한 인상을 던져주었어요.

이 논문의 영향은 마르크스의 '파리 노트'에서 즉각 나타납니다. 예를 들면 이 노트에서 마르크스는 세의 『경제학 개론』을 발췌하면서 "국민경제학은 그 본질상 치부학"이라고 덧붙이고 있어요.(『마르크스 경제학 노트』, 35쪽) 이것은 엥겔스가 앞에서 지적한 것을 머릿속에서 재확인한 것이겠지요.

또한 리카도의 『정치경제학과 과세의 원리에 대하여』에 나오는 가치론에 대해서 마르크스는 "리카도는 가치를 규정하는 데 생산비만 고집하고, 세는 효용(유용성)만 고집한다"(앞의 책, 46쪽)고 썼는데, 이것도 엥겔스가 쓴 문장, "영국인의 경우에는 생산비에 대해 경쟁이 효용을 대신하고, 반대로 세의 경우에는 효용에 대해 경쟁이 생산비를 끌고 들어온다"(『전집』 제1권, 551~552쪽)와 내용이 같아요. '파리 노트'를 써나가는 마르크스의 머릿속에 엥겔스의 이 논문이 커다란 자리를 차지하고 있었던 것이겠지요.

덧붙여 이 시기의 마르크스와 엥겔스의 가치론은 효용을 경시한 일면적인 가치론이라고 하여 리카도의 노동가치론을 부정하고 있어요. 처음으로 마르크스가 리카도의 노동가치론에 긍정적인 입장을 표명한 것은 『철학의 빈곤』에서였어요. 이 저서에서 마르크스는 다음과 같이 기술합니다.

"리카도의 가치론은 현존하는 경제생활에 대한 과학적 해설이며", "리카도는 모든 경제적 관계 속에서 자신의 공식을 이끌어냈고, 드디어 이 공식을 가지고 모든 현상을—지대, 자본 축적 및 임금과 이윤의 관계 등, 얼핏 생각하면 그의 공식과 모순되는 것처럼 여겨지는 현상들도—설명함으로써 자신의 공식이 올바르다는 것을 증명한다. 이것이야말로 그의 이론을 하나의 과학적 체계로 만든다."(『전집』 제4권, 79쪽)

"요컨대 노동 시간에 의한 가치의 결정은 (……) 프루동보다 훨씬 이전에 리카도가 명쾌하고 뚜렷하게 증명했듯이, 현존 사회가 지닌 경제적 관계의 과학적 표현에 지나지 않는다."(앞의 책, 96쪽)

마르크스는 이 단계에 이르러서야 비로소 가치 법칙—자본과 노동의 등가 교환—하에서 얼마나 착취가 가능한가 하는 잉여가치론의 과제를 설정할 수 있게 되는 것이지요.

「국민경제학 비판 대강」과 『경철 수고』

이제 『경철 수고』의 내용으로 들어갈까요? 이것은 '파리 노트'와 거의 비슷한 시기에 쓰였는데, 그중 「제1수고」는 대단히 재미있는 형식으로 시작해요. 두 줄로 선을 그어 노트 한쪽을 셋으로 나누고 세 칸에 각각 '노임勞賃', '자본의 이윤', '지대' 라는 제목을 붙여요. 마르크스는 거기에 경제학 책에서 발췌한 내용이나 자신의 코멘트를 주욱 늘어놓는 식으로 써 내려가요. 도중에 세 칸의 구분이 없어지기도 하고 두 칸으로 변하기도 하지만, 여하튼 그러한 변칙적인 노트 사용법이 「제1수고」의 약 80퍼센트를 차지하고 있습니다. 그러한 방식이 끝나는 지점부터 이른바 '소외된 노동' 이론을—실은 마르크스는 거기에 어떤 제목도 붙이지 않았어요— 보통 노트 필기하듯이 써나가요. 다만 이번에는 다른 연구자의 글을 전혀 발췌하지 않고 자신의 주장만 힘차게 휙휙 써 내려가고 있어요.

어째서 마르크스는 노트 한쪽을 '노임', '자본의 이윤', '지대' 로 나누어 썼을까요? 실은 거기에도 엥겔스의 논문 「국민경제학 비판 대강」의 영향이 강하게 작용했어요. 엥겔스는 그 논문에서 다음과 같이 어떤 생산물이 가져오는 '수익' 을 이들 셋으로 분배하는 관계는 '우연적' 일 따름이라고 썼거든요.

"어떤 특정한 생산물에 대해 토지와 자본과 노동의 몫이 얼마만큼인지는 결코 결정할 수 없다. 이들 세 가지의 크기는 비교할 수 없다", "이들 세 가지의 기능은 전혀 다른 것이어서 제4의 공통적인 척도로 측정할 수 있는 것이 아니다. 그러므로 현재의 사정으로 볼 때 수익을 세 요소 사이에서 분배하게 된다면, 그것은 거기에 내재하는 척도가 아니라 전적으로 외적이고 우연적인 척도, 즉 경쟁 혹

은 강자의 교활한 권리에 의해 결정된다."(『전집』제1권, 556쪽)

아마도 마르크스는 이러한 엥겔스의 판단에 의문을 품었겠지요. 그래서 우선 「제1수고」는 이들 세 가지의 내적 결부를 탐구하는 일부터 시작하기로 하고, 특히 스미스를 중심으로 '노임', '자본의 이윤', '지대' 각각에 대한 경제학자들의 연구 성과를 정리하는 작업을 해나갔을 거예요. 다시 말해 마르크스는 엥겔스의 논문 성과를 받아들이면서도 거기에 머물지 않고 엥겔스의 도달점을 자신의 출발점으로 삼아 다음과 같은 참신한 수준으로 걸음을 내딛기 시작한 것이지요.

마르크스의 생애에는 지적인 전진을 향한 이러한 강력한 충동이 넘쳐나고 있어요. 한번 마음이 쏠린 문제에 대해서는 자기 나름대로 성과를 낼 때까지 포기할 줄 모르고 탐구를 계속해갑니다. 이런 점에서 마르크스의 각별한 집념을 엿볼 수 있죠. 실제로 마르크스는 이 세 가지 요소의 연관성에 대해 곧바로 새로운 결론을 얻지는 못했어요. 그러나 나중에 『자본론』제3부 제7편 「수입과 그 원천」에서 이들의 상호관계를 정리하여 분명히 밝혀주고 있듯이 마르크스는 여기에 대한 문제의식을 계속 이어가고 있었어요.

『경철 수고』가 던지는 몇 가지 논점

마르크스는 노트를 세 칸으로 나누어 연구를 한 다음, 아까 말한 이른바 '소외된 노동' 론을 전개하고 있습니다. 그것은 '노임',

'자본의 이윤', '지대'의 내적 관계 가운데 특히 노동자 계급의 경제적 지위에 초점을 맞추고 있어요. 『경철 수고』의 내용을 따라가면서 몇 가지 논점을 소개하기로 하지요.

① "국민경제학은 사적 소유라는 사실에서 출발한다. 하지만 국민경제학은 이 사실을 우리에게 해명하지는 않는다. 국민경제학은 사적 소유가 현실에서 흘러가는 물질적 과정을 일반적이고 추상적인 공식들로 파악하고, 그 공식들을 여러 법칙으로서 통용시킨다. 하지만 국민경제학은 이들 여러 법칙을 개념적으로 파악하지 않는다. 다시 말해 국민경제학은 이들 여러 법칙이 사적 소유의 본질로부터 어떻게 생겨나는지에 대해 논증하지 않는다. 국민경제학은 우리에게 노동과 자본의 분리나 자본과 토지의 분리의 근거에 대해 아무런 해명도 하지 않는다", "국민경제학은 마땅히 해명해야 할 것을 전제로 삼고 있다."(『마르크스 파리 수고 경제학 · 철학 · 사회주의』, 73~74쪽)

이것은 노트를 세 칸으로 나누어 검토한 것을 정리한 작업이라고 할 수 있어요. 세 요소의 관계에 대해서 적극적으로 해명하고 있는 것은 아니지만, 그 준비 작업의 결과로서 마르크스는 다음과 같은 비판을 내놓지요. 즉 국민경제학은 현실의 표면을 그려내기만 할 뿐, 현실이 어째서 그런 모습이 될 수밖에 없었는가에 대해서는 묻지 않는다고 말이지요.

② 한편, 마르크스는 "국민경제에 실제로 존재하는 사실에서 출발"(앞의 책, 75쪽)하면서 그 배경에 숨어 있는 '본질'을 파악하고자 한다고 선언합니다.

그리고 '노동자'의 검토에 덤벼든 마르크스는 사적 소유 아래서 다음과 같은 네 가지 측면을 지닌 '노동의 소외' 또는 인간의 소외가 발생한다고 지적해요.

A 노동자에게는 '노동 생산물이 하나의 소원한 존재'가 되어버린다는 것(앞의 책, 75쪽)—생산물이 노동자가 아니라 자본가의 것이 되어버린다는 말이에요.

B '노동이 노동자에게 외적'인 것이 되어버린다는 것(앞의 책, 79쪽)—노동이 자신의 기쁨이 되는 것이 아니라 자본의 지휘에 의해 강제적으로 행해지는 고통이 된다는 말이에요.

C '유적 존재'로서의 생활이 '개인적 생존의 수단'이 된다는 것 (앞의 책, 84쪽)—여기에 대해서는 여러 가지 해석이 있는데, 대체로 일상생활이 각자의 생존 수단으로 전락해버렸다는 뜻이겠지요.

D '인간에 의한 인간의 소외'가 생겨난다는 것—사람과 사람의 관계가 인간의 본래적이고 공동적인 모습을 잃어버렸다는 뜻이에요.

사적 소유 아래서는 인간(노동자)의 노동이 본래 지니고 있던 풍부한 내용을 잃어버린다는 상실의 상황을 마르크스는 '소외'라는 추상적인 말로 표현하고 있어요. 이 용어는 이 시기 마르크스가 일시적으로 포이어바흐의 철학에 심히 영향을 받은 결과였는데요. 이 점에 대해서는 마르크스 자신도 「제3수고」에서 "국민경제학 비판은 실증적인 비판 일반과 마찬가지로 포이어바흐가 발견한 것을 그 기초로 삼고 있다. 실증적이고 인간주의적이며 자연주의적인 비판은 실로 포이어바흐에게서 유래한다"(앞의 책, 200쪽)라고 쓰고 있어요.

이 시기 마르크스가 포이어바흐에게서 받은 영향에 대해서는 만년의 엥겔스가 『포이어바흐론』(1888년)에서 이렇게 밝히고 있습니다.

"이 책(포이어바흐의 『기독교의 본질』, 1841년—이시카와)이 어떠한 해방의 작용을 했는가는 그것을 몸소 체험한 자가 아니면 상상할 수 없을 것이다. 감격은 널리 퍼져나갔고, 우리는 모두 일시적으로 포이어바흐주의자가 되었다. 마르크스가 이 새로운 견해를 얼마나 열광적으로 받아들였는가, 그가—여러 점에서 비판적 유보는 해놓고 있지만—얼마나 포이어바흐로부터 영향을 받았는가는 『신성 가족』을 읽으면 금방 알 수 있다."(『포이어바흐론』, 27쪽)

실제로 마르크스는 1841년 『기독교의 본질』이 간행된 그해에 책을 읽고, 1843년에 포이어바흐 앞으로 《독불연감》에 협력해달라는 편지를 보냈어요. 또 엥겔스와 처음으로 공동 집필한 『신성 가족』을 쓸 때, 마르크스는 자기가 담당한 부분을, 『경철 수고』를 쓰고 난 직후인 1844년 8월부터 11월 말까지 집필했지요.

또한 미리 좀 말해두자면, '소외'라는 단어의 사용 빈도는 사적 소유—훗날의 용어로는 자본주의적 생산 양식—에 대한 마르크스의 지식과 분석이 풍부해지면서 점차 낮아지고 있어요. 그것은 이 시기에 '소외'라는 추상적이고 철학적인 말로 표현할 수밖에 없었던 문제를 경제사회의 구체적인 분석 성과를 가지고 대체해나갔기 때문이에요. 거꾸로 말하면 이 시기 '소외'론을 원용했다는 것은 자본주의 경제에 대한 마르크스의 분석이 아직 구체성을 띠지 못한 초보적인 것이었음을 보여주는 것이겠지요. 이후 『자본론』에도 '소외'라는 말이 등장하고는 있어요. 그러나 그것은 이미 구체적인 현실에 대한 구체적인 분석의 부족함을 메우는 용어가 아니라 오히려 다양한 분석을 총괄하는 개념으로서 쓰이게 되지요.

③ 이제 「제1수고」로 돌아가 볼까요. 마르크스는 '소외된 노동'과 '사적 소유'의 상호관계를 검토하는 데로 나아가면서, "노임은 소외된 노동의 직접적인 결과이며 소외된 노동은 사적 소유의 직접적인 원인이다. 그런 까닭에 한쪽이 소멸하면 다른 쪽도 소멸하지 않을 수 없다", "사적 소유 등등으로부터, 또한 예속 상태로부터 벗어나는 사회의 해방은 노동자의 해방이라는 정치적 형태로 나타난다", "그러나 그것은 노동자의 해방만을 문제로 삼는 것이 아니며, 노동자의 해방 속에는 보편적인 인간 해방이 포함된다", "인간의 모든 예속 상태가 생산에 대한 노동자의 관계 속에 내포되어

있으며, 또한 모든 예속 상태가 생산에 대한 노동자의 관계의 변형과 귀결에 지나지 않기 때문이다."(『마르크스 파리 수고 경제학 · 철학 · 사회주의』, 88~89쪽) 이런 식으로 사적 소유로부터 풀려날 노동자와 인간 또는 사회의 해방에 대해 이야기하고 있어요. 결국 자본주의 극복의 필요성을 언급하면서 그 내용을 탐구해나가는 것이죠.

④ 다만 여기에서 마르크스는 그러한 해방에 의해 도래할 새로운 사회의 모습을 '참으로 인간적이면서 사회적인 소유'(앞의 책, 89쪽)라는 추상적인 표현으로밖에 나타내지 못하는 수준이었어요. 그럼에도 그러한 사회를 깊이 연구해나가는 시각에 대해 마르크스는 이후에도 다음과 같은 글을 쓰지요.

"우리는 이제까지 노동의 소외, 노동의 외화外化를 하나의 사실로 받아들이고, 이 사실을 분석해왔다. 이제 우리는 묻는다. 인간은 어떻게 자신의 노동을 외화시키고 소외시키는가? 그리고 이 소외는 어떻게 인간적 발전의 본질 안에서 기초를 마련했는가? 우리는 이미 사적 소유의 기원에 관한 문제를 인류의 발전 과정에 대한 외화된 노동의 관계라는 문제로 치환함으로써 이 과제를 해결하기 위해 많은 것을 획득해왔다. 왜냐하면 사적 소유에 대해 이야기할 때, 인간 외부에 있는 사물을 문제 삼지 않으면 안 된다고 일반적으로 믿기 때문이다. 노동에 관해 이야기할 때에는 오로지 인간 자체를 문

제 삼는다. 이러한 새로운 문제 설정 방식에 이미 그 해결이 내포되어 있다."(앞의 책, 89~90쪽)

한마디로 마르크스에 따르면 현존하는 노동의 소외가 어떻게 생겨났는가라는 식으로 역사적으로 문제를 설정해볼 수 있다면, 그것은 소외를 낳은 역사적 조건을 밝혀내는 일이기도 하다는 겁니다. 그러니까 역사적 조건을 변화시킴으로써 소외가 없는 사회를 향한 길도 뚜렷하게 밝힐 수 있다는 말이지요. 이렇게 '참으로 인간적이고 사회적인 소유'는 현재의 '인간(사회) 자체' 안에 내재하는 것이 아니면 안 된다는 착안점은 후에 마르크스의 역사 이론(사적유물론)이나 공산주의 혁명론으로 이어지는 중요한 논점이 되지요.

⑤ 「제3수고」에서 마르크스는 당시의 각종 공산주의 사상을 검토하는데, 그중에서도 포이어바흐에 대해 다음과 같이 기술합니다.

"포이어바흐는 헤겔 변증법에 대해 진지하고 비판적인 태도로 이 영역에서 참된 발견을 이룬 유일한 사람이며, 모든 이를 통틀어 낡은 철학을 극복한 사람이다", "포이어바흐의 위대한 업적은 (……) 사회관계를 '인간에 대한 인간의 관계'라 하고, 나아가 그것을 이론의 근본 원리로 삼음으로써 참된 유물론과 실재과학의 기초를 세웠다."(앞의 책, 149~150쪽)

마르크스는 현세의 문제를 신이나 내세에 의탁하지 않고 사회 관계(인간관계)의 개혁을 통해 해결하고자 했다는 점이 포이어바흐의 의의라고 말해요. 즉 유물론적 사회 변혁론의 지평을 개척했다는 점을 높게 사고 있어요. 그것이 포이어바흐가 마르크스에게 남겨준 '해방 작용'의 핵심 부분이겠지요. 다만 마르크스는 사상적으로 성장하는 가운데 이 국면에 그리 오래 머무르지는 않았어요. '참된 유물론'의 관점에서 보자면 포이어바흐에게는 구체적인 역사 이론이 결여되어 있다고 하면서, 마르크스는 엥겔스와 함께 1845~1846년에 『독일 이데올로기』를 집필하지요. 이를 통해 마르크스는 유물론적 역사관(사적유물론)으로 나아갔는데요, 이것이 다음의 주제예요.

엥겔스와 본격적으로 만나다

이전에도 언급한 바와 같이, 마르크스와 엥겔스는 1842년 11월에 '아주 냉랭한 분위기의 만남'을 가졌어요. 그다음 엥겔스와 본격적으로 만나게 되는 것에 대해서도 말씀드리지요. 마르크스와 처음 만난 뒤 낙담하여 영국(맨체스터)으로 건너간 엥겔스는 부친이 공동으로 경영하는 공장에서 일을 시작해요. 그는 맨체스터 노동자들의 노동과 생활을 조사하는 데 힘을 쏟는 한편, 노동자들이 여는 각종 집회에도 얼굴을 내밀었어요. 이러한 조사는 후에 『영국 노동자 계급의 상태』(1845년)라는 책으로 결실을 맺지요.

또한 엥겔스는 마르크스보다 한 발 일찍 《라인신문》에 협력하기 시작해 마르크스가 주필을 맡은 이후에도 적극적으로 원고를 기고했어요. 차티스트라는 노동 운동에 참여한 활동가들 및 나중에 엥겔스가 공상적 사회주의자라고 불렀던 오언주의자들과 교류하면서 이들의 신문에도 논문을 발표해요.

이 시기 엥겔스는 경제학 연구를 비롯하여 마르크스를 놀라게 한 논문 「국민경제학 비판 대강」을 《독불연감》에 싣기 위해 쓰는 등 무척 정력적으로 활동하고 있었어요. 이 논문을 계기로 마르크스와 엥겔스 사이에는 절친한 편지가 오고 가기 시작했지요. 마르크스가 『경철 수고』의 집필을 끝냈던 때와 거의 비슷한 1844년 8월 말, 독일로 귀국하는 도중에 엥겔스는 파리에 들러 마르크스를 찾아가지요. 여기에서 두 사람은 의기투합해요.

이 두 번째 만남, 말하자면 본격적인 만남에 대해 만년의 엥겔스는 다음과 같이 말합니다.

"내가 맨체스터에서 보고 들은 것은 다음을 의미한다. 이제까지의 역사 서술에서는 아무런 역할도 하지 못했든지, 아니면 별 볼일 없는 역할을 하는 데 지나지 않던 경제적 사실이 적어도 근대 세계에서는 결정적인 역사적 힘을 발휘한다는 것이다. 이러한 경제적 사실은 오늘날 계급적 대립을 성립시키는 토대가 되며, 대공업 때문에 계급 대립이 충분히 발달한 나라들, 특히 영국에서 이러한 계급 대립은 정당 형성이나 당파 투쟁의 토대가 된다. 이리하여 전체 정치사의 토대가 된다는 것이다."

"마르크스는 (……) 이미 《독불연감》에서 이러한 인식을 다음과 같이 일반화시켰다. 즉 모든 국가가 시민사회에 조건을 부여하고 규제를 가하는 것이 아니라 시민사회가 국가에 조건을 부여하고 규제하는 것이다. 그러므로 정치와 정치사란 경제적 관계와 그 발전에 의해 설명해야 하는 것이지, 그 역은 아니다."

"내가 1844년 여름, 파리에서 마르크스를 방문했을 때, 모든 이론 분야에 걸쳐 우리 두 사람의 의견이 완전히 일치한다는 것이 분명히 드러났다. 그때부터 우리가 공동으로 활동을 펼치기 시작한 1845년 봄, 브뤼셀에서 재회하기까지 마르크스는 이미 위와 같은 원리를 전개하면서 그의 유물론적 역사 이론의 핵심을 완성해 놓고 있었다."(「공산주의자 동맹의 역사에 관해」, 1885년, 『전집』 제21권, 216쪽)

엥겔스는 이 만남이 이루어진 파리의 체재 기간 동안, 마르크스와의 첫 공동 저작인 『신성 가족』의 담당 부분을 썼어요. 그 후 마르크스는 시간을 들여 엥겔스보다 열 몇 배나 많은 분량의 원고를 썼는데요, 거기에서는 『경철 수고』에도 써넣었던 엥겔스의 「국민경제학 비판 대강」을 높이 평가하고 있었어요.

유대인 문제로 되돌아가서

마지막으로 우치다 선생님이 마르크스의 글 가운데 납득할 수 없는 대목을 지적하고 문제를 제기한 논점에 대해 제 나름대로 이해한 바를 말씀드릴까 해요.

우선 『유대인 문제』를 언급하자면, 이른바 '유대인 문제'에 대한 저의 지식과 이해는 한참 뒤떨어져 있는데요. 당시 마르크스한테 유대인 문제가 어떤 것이었는가에 대해서는 다소 상상할 수 있지 않을까 해요.

우선 우치다 선생님이 인용한 다음과 같은 마르크스의 글을 볼게요. 이것은 유대인이나 유대교에 대한 마르크스 자신의 이해를 보여주는 것은 아니라고 생각해요.

"유대교의 현세적 기초는 무엇인가? 실제적인 요구, 사적 이익이다.

유대인의 세속적 제사는 무엇인가? 악착같은 장사다. 유대인의 세속적인 신은 무엇인가? 화폐다.

옳지! 그러면 악착같은 장사로부터, 그리고 화폐로부터 해방되는 것, 따라서 실제의 현실적인 유대교에서 해방되는 것이 곧 현대의 자기 해방이겠구나."(『전집』제1권, 409쪽)

'옳지!'에 이어지는 문장은 "만약 ~이라면, ~이겠구나"라는 식으로 어떤 사실이 현실이 아님을 드러내는 '접속법 제2식, wäre'에 기대어 쓰여 있어요.

결국 이 문장은, '유대교도가 더러운 장사를 하며 돈을 하느님으로 모신다'고 하는, 세간에 흘러넘치는 반유대주의적 사고방식에 '옳지!' 하고 냉큼 따르고자 한다면, 그런 의미의 유대교 자체(화폐를 하느님으로 섬기는 신심과 행동)를 폐기하는 것이야말로 현대사회의 해방일 것이라고 기술한 것이에요.

그리고 마르크스는 이 "더러운 장사의 전제, 따라서 더러운 장사의 가능성을 폐지하는 사회를 조직해낸다면, 유대인은 존재할수 없을 것이다"(앞의 책, 409쪽), "'실제적인 욕망, 이기주의'는 '시민사회의 원리'다"(앞의 책, 411쪽)라고 말하지요. 이렇게 그는 소위세상에서 말하는, 돈을 밝히는 유대인이 나타나게끔 하는 '사회'의문제로 이야기의 초점을 옮겨 가요. 그래서 '시민사회'의 개혁을통해, 유대인의 '정치적 해방'에 머무르지 않고 유대인과 함께 살아가는 모든 인간의 '인간적 해방'을 달성할 필요를 이야기하고 있지요.

이것을 우치다 선생님이 예로 든 학급의 '그 애' 한테 적용해보면, 마르크스가 말하고자 하는 것은 다음과 같은 것이 아닐까 해요.

① 만약 학급의 다른 애들이 말하는 것처럼 그 애가 돈을 밝힌다는 것이 사실이라고 가정하더라도,

② 도둑질을 하는 등 모두에게 피해를 끼치지 않는다면 그것을삶의 방식으로 인정해야 한다. 선생님은—마르크스겠지요—그 애

의 부정적인 이미지를 곧장 바꾸기를 바란다(정치적 해방).

③ 더불어 모두들 더욱 깊이 생각해주면 좋겠다. 그것은 그 애를 비판하는 사람도 적든 많든 '이 세상에서는 돈이 최고'라는 생각에 사로잡혀 있다는 말이다.

④ 누구나 '세상살이, 돈이 최고야' 하는 생각을 하지 않고서는 못 배기는 학급의 구조를 생각하고, 그것을 변화시키려고 노력하길 바란다(인간적 해방)—마르크스는 그런 식으로 말한 것이 아닐까요?

이렇게 이해하면 논문의 마지막 단락을 장식한 문장, 즉 "사회가 유대교의 경험적인 본질인 더러운 장사와 그 전체를 폐기할 수 있게 되자마자, 유대인의 존재는 불가능해지고 만다", "유대인의 사회적 해방은 유대교로부터의 사회 해방이다"(앞의 책, 414쪽)라고 한 마르크스의 말도 이해하기 쉽지 않을까요?

요컨대 마르크스는 여기에서 ① 유대인을 가리켜 돈을 밝힌다고 매도하는 인간이 있지만, ② 정말로 그것을 문제 삼고자 한다면, 돈을 밝히는 인간을 낳는 오늘날의 '시민사회'를 개혁하겠다는 이야기까지 밀고 나가야 하는 것 아니겠느냐……, 이렇게 말하고 싶은 것이 아닐지요?

『신성 가족』에 나타난 '유대인' 론

그런데 마르크스의 논의 가운데 이곳에 커다란 오해를 불러올 요소가 있다는 것도 사실인 듯해요. 무엇보다도 논문 『유대인 문제』는 브루노 바우어를 비판하는 논평이지만, 그 서술 방식이 마르크스의 논의와 바우어의 논의, 그리고 마르크스와 바우어가 함께 비판하고 있는 '반유대주의' 논의를 구별하기 어렵게 해놓았기 때문이지요. 그것은 혹시 마르크스가 문제를 충분히 정리하지 않은 채 의욕만 앞선 상태였기 때문이 아닐까요?

둘째로, 후년에 대단한 오해를 불러일으키는 주요 원인에 관해서인데, 이미 보았듯이 마르크스는 "반유대주의자가 말하듯이 유대교도를 가리켜 돈을 밝히고 화폐를 신으로 숭상하는 자라고 가정하자"라는 가정 자체의 오류에 대해 이 논문 어디에서도 명시하고 있지 않거든요. 마르크스는 이것을 너무 당연한 전제라고 생각했는지 모르겠지만, 후대의 우리가 보기에는 역시 설득력 있는 서술 방식은 아닌 것이지요.

이 두 가지 원인이 겹쳐서 적지 않은 후세 사람들이 "마르크스는 유대교도를 가리켜 돈을 밝히는 자라고 생각했다"는 식으로 받아들인 것이 아닌가 해요.

다만 당시의 마르크스도 이런 문제에 아예 신경을 쓰지 않았던 것은 아닌 듯해요. 왜냐하면 바우어의 반론을 되받아치는 마르크스의 재비판은 논문 『유대인 문제』보다 훨씬 읽기 쉽게 되어 있거

든요. 이 재비판은『신성 가족』안에 들어 있어요. 『신성 가족』은
『유대인 문제』를 쓰고 나서 꼭 1년 뒤에 쓴 글이에요.

　　여기에서 마르크스는『유대인 문제』의 내용을 스스로 요약 혹
은 해설하면서 이렇게 쓰고 있어요.

　　① "(거기에서) 지적한 것은 바우어가 유대교의 종교적 본질만
을 문제 삼을 뿐, 종교적 본질의 현세적이고 실재적인 기초를 파고들
지 않는다는 점이다."(『전집』제2권, 113쪽)

　　② "그러니까 바우어는 현실의 현세적인 유대교, 따라서 종교적
인 유대교도 끊임없이 오늘날의 시민생활에 의해 형성되고 있고 화
폐 제도 안에서 최후의 완성을 달성하고 있다는 점을 깨닫지 못하
고 있다."(앞의 책, 같은 곳)

　　③ "이것에 반하여 유대교는 역사를 통하여, 역사 속에서, 역사
와 함께 존속하고 발전해왔다는 것, 하지만 이러한 발전은 신학자
의 눈으로가 아니라 세속인의 눈으로 보지 않으면 안 된다는 것,
왜냐하면 종교 이론 안에서가 아니라 상업적이고 산업적인 실천 안에
서만 이러한 발전을 찾아내야 하기 때문이라는 것이《독불연감》에
서 증명되었다."(앞의 책, 114쪽)

④ "그러니까 유대인의 인간을 향한 해방, 즉 유대교의 인간 해방은 바우어가 했던 것처럼 유대인 고유의 과제로 파악할 수 없고, 골수에 스미도록 유대적인 오늘날 세계의 일반적이고 실천적인 과제로 파악할 수 있다. 유대적 본질을 벗어던지는 과제가 실제로는 시민사회의 유대적 정신〔유대교〕, 즉 화폐 제도를 정점으로 삼는 오늘날의 생활 실천의 비인간성을 폐기하는 일이라는 것이 증명되었다."(앞의 책, 같은 곳)

여기에서 마르크스가 이미 "돈을 밝히고 돈을 하느님으로 숭상하는" 타입의 인간상을 살아 있는 구체적인 유대교도와 결부시키는 표현을 취하지 않게 되었다는 점을 주목해야 해요.

나아가 마르크스는 여기에서 '근대 국가'에서 유대인의 '정치적 해방'이 당연할 뿐 아니라 필연이기도 하다고 말하면서, 그 이유를 다음과 같이 이야기합니다.

"근대 국가에 의한 인권의 승인은 고대 국가에 의한 노예제 승인과 전혀 차이가 없다. 다시 말해 고대 국가가 노예제를 그 자연적 토대로 삼은 것과 똑같이 근대 국가가 자연적 토대로 삼은 것은 시민사회와 시민사회에서 살아가는 인간, 즉 사적 이해와 무의식이라는 자연 필연성의 끈으로 인간과 맺어져 있을 뿐인 독립적인 인간, 영리 활동과 그 자신 및 나아가 타인의 사리적 욕망의 노예다. 근대 국가는 그러한 것으로서 자신의 이 자연적 토대를 보편적 인권이라는 형

태로 승인했다."(앞의 책, 118쪽)

"이들의 '자유로운 인간성'이 드러나는 것은 「프랑스 인권 선언」 가운데 확실히 승인되어 있다. '자유로운 시민사회'가 철두철미 상업적이고 유대적인 본질을 띠고 있고, 또 유대인이 처음부터 이 사회에 없어서는 안 되는 일원인 만큼, 유대인은 자신의 '자유로운 인간성'의 승인을 추구할 커다란 권리를 갖고 있다."(앞의 책, 같은 곳)

사리사욕에 따라 앞으로 움직이는 '시민사회'를 자신의 '자연적 토대'로 삼는 '근대 국가'에서 사리사욕에 근거한 영리·상업의 자유는 모든 인간이 본래적으로 지닌 '보편적인 인권'으로 인정받은 것이 되지요. 그것은 「프랑스 인권 선언」에도 나타나 있어요. 그렇기 때문에 유대인이 '상업적이고 유대적인 본질'을 이유로 부정당하는 일은 점점 더 없어진다는 말이에요.

또한 『유대인 문제』를 게재한 《독불연감》은 파리에서 독일로 보낸 2,500부 대부분이 국경에서 압수되지요. 그 결과 이 논문의 사회적 영향력은 지극히 적었던 것 같아요. 그러다가 1881년 독일 사회민주당 기관지 《사회민주주의자Sozial Demokrat》에 이 논문이 실리게 되면서 다양한 의미에서 주목을 얻게 됩니다.

이 시기는 독일 국내에서도 반유대 운동이 상당한 규모로 일어나고 있던 때인데요. 《사회민주주의자》는 그러한 움직임에 반대하는 입장을 분명히 밝혔고, 그런 맥락에서 자신들의 논의에 지원해

달라는 기대를 품고 마르크스가 쓴『유대인 문제』의 일부를 발췌해 실었던 것이지요. 그러나 앞에서 말한 것처럼 이 글이 이해하기 어렵다는 것과 마르크스의 배려가 부족하다는 점 때문에 결과적으로 '마르크스의 유대인론'은 당사자의 의도와는 다른 다양한 평가를 불러일으킵니다.

마르크스의 '유대인'론을 이렇게 시간을 들여서 읽은 것은 처음인 것 같아요. 솔직히 말해 마르크스의 유대인론이 이렇게 야단스러운 논의의 대상이었다는 것조차 잘 모르고 있었어요. 그래서 이제 막 배우기 시작한 처지에서 제 나름의 감상을 적었을 따름인데요. 마르크스의 '유대인'론에 대해서는 첫째,『유대인 문제』의 제1부분과 제2부분 둘 다를 꼼꼼하게 읽어보고, 둘째, 이와 불가분한 것으로서『신성 가족』의 해당 부분을 제대로 검토할 필요가 있지 않을까 해요.

그것은 마르크스를 해석하는 많은 논자가『유대인 문제』의 제2부분— 본래는 짧은 서평—에만 주목하고, 마르크스의 '유대인'론 전체라는 시야에서 마르크스를 해석하고 있지 않은 것처럼 여겨지기 때문이에요. 또한 그 이후로 마르크스는 정리된 '유대인'론이라든가, '유대인 문제'를 가지고 현대 사회의 시스템을 생각하는 글을 남기고 있지 않은데요. 그런데도 후년에 마르크스가 유대인에 대해 부정적으로 평가했다는 지적도 있는 듯해요. 이 점을 살펴보는 것은 앞으로의 과제로 남겨둘까 해요.

어느덧 글을 끝낼 때가 되었군요. 실은 이 편지를 쓰고 있는 오늘은 현지사 선거 개표 전날이에요. 내일은 하루 종일 선거 사무소에 틀어박혀 있어야 하니까 이제 이부자리 속으로 들어가야 하는데, 그 전에 살짝 알코올 성분을 몸속에 투입해야 한답니다.

우치다 선생님께서는 「헤겔 법철학 비판 서문」의 변혁론에 대해 문제를 제기하셨는데, 오늘은 이 점에 대해 간단하게만 말씀드릴게요.

하나는, 이 시기 마르크스의 자본주의 분석은 아직 그 사회를 '자본주의'라고 이해하는 데 이르지 못했고, 한평생에 걸친 마르크스의 지적 역사에서 보자면 문자 그대로 초보에 지나지 않아요. 이 무렵 마르크스의 견해 자체에 대해서 저는 주로 "젊은 시절에는 이런 식으로 시작했구나", "여기에서 장래의 비약을 어떤 식으로 준비하고 있었을까"를 보는 데 관심이 있어요.

물론 젊을 때 쓴 글에 대해서도 내용의 옳고 그름을 검토해야 하고, 다양한 비판을 가하는 것도 당연하겠지요. 다만 그럴 때 그것을 '마르크스의 ○○론'이라는 식으로 일반화해버린다면 저세상으로 가버린 마르크스가 가엾다는 생각이 들어요. 마르크스에게도 지적 성장이나 변화의 역사가 있었던 만큼 '마르크스의 ○○년 무렵의 ○○론'이라는 식으로 그때마다 시기에 맞게 문헌을 평가하는 것이 적절하다고 봅니다.

이를테면 마르크스의 사회 변혁론은 자본주의가 내부적으로 껴안고 있는 모순에 기초하여 이르든 늦든 사회는 다음 단계로 나아갈 수밖에 없는데, 그러기 위해서는 변화의 방향을 자각한 사람들이 사회를 움직이는 것이 필요하다—이런 사고방식이라고 볼 수 있어요. 그런데 마르크스는 자본주의의 구조 자체를 해명하는 일로 나아가기 위해 『자본론』이라는 대작에 집중하지요. 그러니까 마르크스의 사회 변혁론은 자본주의에 대한 마르크스의 규명이 깊어지면 깊어질수록 변해가요.

앞의 편지에서도 써둔 것 같은데, 예를 들어 『공산당 선언』 단계에서도 마르크스의 자본주의 분석에는 이른바 '마르크스 경제학'의 핵심이라고 할 만한 잉여가치론이 아직 고개를 내밀고 있지 않아요. 이런 점을 생각하더라도 「헤겔 법철학 비판 서문」의 개혁론은 진실로 젊고 미성숙한 논의가 아닐 수 없지요.

또 하나는, 이제부터 읽어나가면 좋을 텐데요. 마르크스의 혁명론은 먼저 의회를 통해 노동자 계급의 권력을 세우고, 그것을 추진력으로 삼아 노자勞資관계를 기본으로 한 자본주의적 생산 관계를 바꾸어나가자는 틀을 갖추고 있어요. 다시 말해 그것은 오늘날 회자되는 것처럼 '폭력 혁명'론이 아니라는 말이지요. 실은 마르크스가 '폭력 혁명'의 논자로서 유명세를 얻는 데 공헌한 사람은 공교롭게도 레닌이었어요. 『국가와 혁명』이란 책이 그것이랍니다. 이러한 레닌의 논의를 한층 더 단순화시켜 보급한 사람이 스탈린이라고 하겠지요. 이러한 혁명의 방법론에 대해서는 마르크스와 레닌 사이에 커다란 견해의 차이가 있기 때문에 나중에 하나하나 짚어보고 싶은 마음이에요.

그리고 마르크스의 혁명론은 생산 관계의 전환을 기본으로 삼고, 그것을 통해 인간관계의 전환을 지향하려고 해요. 한마디로 '당신(자본가)과 나(노동자)의 관계를 어떻게 바꾸어나갈 것인가?' 이것이 과제입니다. 자본가와 노동자의 관계에서는 이래저래 버성기는 점이 생겨나니까 그런 점을 바꾸어나가자는 것이에요. 이를 위해 생산 수단의 소유 관계를 어떻게, 무슨 수를 써서 바꿀 수 있을까 하는 문제를 놓고 머리를 싸매고 있는 것이지요. 그것은 '저놈만 쓰러뜨리면 세상은 바뀔 거야……'라며 단순하게 사회를 이해하는 방식이 아니에요.

선거를 통해 무너뜨린다든가 논쟁으로 쓰러뜨리는 일은 수도 없이 일어나지만, 스탈린이나 마오쩌둥, 폴 포트가 그러했듯이 자기한테 '적대적인, 혹은 그럴 가능성이 있는 놈' —그것은 매우 자의적으로 결정되는데요— 을 물리적으로 말살하자는 혁명론은 마르크스에게서 나온 것이 아니에요. 이것 또한 직접적으로 국가론이나 혁명론을 다룬 텍스트를 읽으면서 주의 깊게 확인해두고 싶은 대목이군요.

이제 진짜로 편지를 끝맺을게요. 이 글을 쓰고 있는 오늘 이 시점, 효고 현의 지사 선거는 끝났어요. 유감스럽게도 패하고 말았답니다. 어깨가 축 늘어지는군요. 그래도 눈에 띄게 전진한 측면도 있으니까 4년 후에는 누가 보더라도 한판 '승부'를 걸고 경쟁하는 선거가 될 수 있겠지요. 그때까지는 책상 앞에서 공부하는 시간도 조금 더 생기지 않을까 기대하고 있어요. 앞서 논의한 『공산당 선언』과 관련하여 당시의 프랑스 역사학에 대해 공부하고 싶은 마음이 생겼으니까, 벼락 지식이나마 어딘가의 지면에서 소개하고 싶군요. 다음 텍스트는 『독일 이데올로기』……. 어딜 봐도 만만치 않은 상대인데요. 하지만 그게 바로 마르크스의 재미겠지요.

그럼, 우치다 선생님, 답장을 부탁드려요.

우치다가 이시카와에게

안녕하세요. 이시카와 선생님의 편지를 받은 지 벌써 3개월이 지났어요. 미안합니다. 올해 여름은 정신 차릴 새 없이 바빴기 때문에 '빨간색 연필을 한 손에 들고 마르크스를 읽는' 가슴 벅찬 작업에 좀처럼 시간을 할애할 수 없었어요. 사실은 일본 문화론을 다루는 『일본변경론日本邊境論』(도서출판 갈라파고스 출간)이라는 책을 쓰는 데 필사적으로 매달렸어요. 이시카와 선생님도 현 지사 선거 때문에 바쁘셨다고 하던데, 둘 다 참 힘든 시기를 보냈네요.

여하튼 원고를 다 써서 출판사에 보내놓았으니 서둘러 빨간색 연필을 들고 마르크스를 읽는 유쾌한 작업에 뛰어들 수 있게 되었어요.

『경철 수고』 이야기를 해야 하는데, 문득 옛날 생각이 떠오르네요. 대학에 막 입학했을 때 열심히 읽었거든요.

그런데 내가 대학에 들어간 1970년은 전공투全共鬪[14] 시대니까 이미 학생들은 마르크스 같은 것은 읽지 않았어요. 독서회 같은 것도 안 했고요. 책을 읽고 '마르크스는 무슨 말을 하고 싶었던 것일까?' 같은 논의를 하는 시대는 물 건너 가버렸지요. 서로 헐뜯고 물어뜯기 바빴으니까요. 나로 말할 것 같으면 결코 온건한 인간은 아니었지만, 이 시절 '만나자마자 그 자리에서 맞장을 뜨는' 투쟁 형태에는 진절머리를 쳤어요(아프잖아요……).

그래서 온갖 당파의 제군에게, "어째서 그렇게 동료들끼리 치고 받고 싸우는 거냐?" 하고 물었어요. 귀를 기울여 들어보니 모두들 성실하게 세상의 부정과 불의에 맞서 분개하고 있었어요. 하지만 각 당파마다 정치 수법에 미묘한 차이가 있어서 서로의 차이를 받아들일 수 없다고 하더군요.

만약에 혁명이 일어나려는 조짐이 있어 만萬의 하나(아니, 조兆의 하나일지도 모르겠지만요) 혁명이 성공해버렸을 때, 이 정도의 입장 차이로 격렬하게 '맞장을 뜨는 것'을 여러분은 용인할 수 있을까요? 관용이라고는 눈곱만큼도 없는 주제에 어떻게 국민적 통합을 이루어낼 수 있을까 하고 내 딴에는 걱정을 해준 거예요(걱정해줄 만큼 의리가 있는 것은 아니지만요).

나는 자신과 정치적 견해가 다른 사람에 대해서도 언론의 자유를 보장하는 것, 자기 말에 반대하는 사람도 포함해서 전체를 대표하는 것, 그것이 '공민citoyen'이 추구해야 할 조건이라고 생각해요. 하지만 1970년대에는 '공정함fairness'이라든가 '공공public'이라는 말을 가지고 정치를 이야기하는 사람이 내 주변에는 한 사람도 없었어요.

그로부터 40년이라는 세월이 흘렀지만, 지금도 이런 측면에서 일본인의 정치의식은 털끝만큼도 바뀌지 않은 것 같아요. "자기 말에 반대하는 사람도 포함해서 전체를 대표할 수" 있으려면, 어느 정도 배포가 크고 유연성이 있으며 제대로 이치가 닿는 정치의 언어가 필요해요. 국제 사회나 외교 전략에 대해서도 말할 수 있고, 개인의 실생활에서도 현실감을 확보할 수 있는 박력 있는 언어가 필요하지요. 그러한 언어를 갈고닦기 위해서 우리들은 무엇을 해왔을까요. 이런 상념에 빠져들면 비관적이 되어버려요.

이시카와 선생과 주고받는 이 서간들이 '박력 있는 정치의 언어'를 생산하기 위한 하나의 시도가 되지 않을까 하는 생각도 합니다. 물론 이 책을 쓰는 첫 번째 의의는 마르크스에 대해서 젊은 사람들도 쉽게 알 수 있도록 자근자근 씹어서 해설하는 것이긴 하지만요. 동시에 우리처럼 서로 정치적 입장이나 의견이 다른 사람끼리 유쾌하고 예의 바르게 정치를 논하며 대화할 수 있고, 각자가 거기에서 생산적인 견해를 길어 올릴 수 있다는 **실례를 보여주는 것**이 대단히 중요하지 않을까 해요.

이번에 이시카와 선생이 보내준 편지 가운데 유대인 문제에 대해 '이론異論'을 제시한 대목이 있었잖아요? 세심한 배려심이 잔뜩

묻어 있는 말하기 방식에서는 살짝 감동까지 받았어요. 이사카와 선생은 "당신이 한 말은 있잖아……틀렸어, 쯧" 하고 직접적으로 말하지 않는 성격이잖아요. 우리 두 사람은 "무슨 소리야? 그건 아니지……", "그렇지 않다니까……, 흥!" 이렇게 허물없이 (또는 다소 거칠게) 반응한다고 해서 인간관계가 손상되거나 틀어질 사이는 아니지만, 그래도 그런 태도는 자제하자는 편이긴 하지요.

이번 편지를 쓰면서 깨달았는데, 우리는 젊은 사람들에게 '정치에 대해 예의 바르게 말하는' 것이 중요하다고, 그러니까 오늘날의 일본에서는 아무도 권장하지 않는 말하기 방식에 대해 생각 좀 해보라고 이 책을 쓰는 것은 아니에요. 하지만 대화를 나눌 때의 예의 바름decency은 종종 의견의 옳고 그름이나 명제의 진위보다 중요하다는 것을 새삼 느꼈어요.

그래서 말인데, 유대인 문제에 대한 이시카와 선생의 의견은 잘 읽었고요. 지적해준 점은 확실히 납득했을 뿐 아니라, 거기에 대해서는 반론할 생각이 없어요. 그렇지만 내가 서술한 내용에 대해서는 수정 없이 그대로 두고 싶어요. 독자 여러분이 양쪽의 견해를 읽어보고 "어떤 점에서 의견이 다르다는 말이야?" 하고 따져보면 되지 않을까 해요.

프롤로그는 이 정도로 마치고, 『경철 수고』 이야기로 들어가 볼까요?

이 책의 성립 과정과 구성에 대해서는 이시카와 선생께서 고맙게도 상세하게 해설해주었어요. 그 점을 한 번 더 되풀이할 필요는 없기 때문에 여기서는 내가 개인적으로 중요시하는 논점 두 가지만 한정해 (초超)개인적인 코멘트를 덧붙이고자 해요.

논점의 하나는 '소외된 노동'이고, 또 하나는 '유적 존재'예요.

'소외된 노동'에 대해 쓸 때 마르크스의 어조는 썩 뜨겁습니다. 여러분이 그것을 느끼면 좋겠네요. 지대라든가 이자, 노임에 대해 쓸 때보다도 몸의 열기가 쑥 올라가 있지요.

그만큼 '소외'라는 낱말은 마르크스 자신이 몸으로 실감했는데, 그것이 유럽 자본주의의 부흥기였던 19세기 중반의 실제 현실이 아니었을까 해요.

마르크스가 그렇게 실감한 감정의 밑바닥에는 동시대의 노동자들이 처한 말할 수 없이 비참한 노동 상황에 분노하는 마음과 더불어, 그러한 열악한 노동 환경에서 고통받는 노동자를 당장 구출하지 않으면 안 된다는 초조감과 사명감이 깔려 있었겠지요.

『자본론』은 당시 영국 노동자들의 취로就勞 실태에 대한 보고서를 인용하느라 장장 몇 쪽이나 할애하고 있어요. '소외'라는 말에서 마르크스가 무엇을 절실하게 느꼈는지 이해할 수 있도록 몇 군데를 소개해보도록 하지요.

"1836년 6월 초순, 요크셔의 치안 판사 앞으로 고발장이 당도했다. 그것에 의하면 배틀리 근교의 8대 공장 경영자가 공장법을 위반했다고 한다. 이렇게 신사분 일부가 고소를 당한 것은 그들이 12세에서 15세 사이의 소년 다섯 명을 금요일 아침 여섯 시부터 다음 날 토요일 오후 네 시까지 식사 시간 및 심야의 **수면 시간 한 시간** 이외에는 전혀 휴식 시간을 주지 않고 일을 시켰기 때문이라고 한다. 더구나 소년들은 '쓰레기 구멍'이라 불리는 동굴 같은 곳에서 쉬지 않고 30시간 동안 노동하지 않으면 안 됐다. 거기에서 털 찌꺼기를 제거하는 작업을 하는데, 공중에는 먼지나 털 찌꺼기가 가득 차 있고 성인 노동자조차 폐를 보호하기 위해 항상 손수건으로 입 주위를 가려야 한다."(「자본론 제1권(상)」, 『마르크스 컬렉션 Ⅶ』, 354쪽)

이 경영자들은 각각 벌금 2파운드라는 판결을 받았을 뿐입니다.

아동 노동자들은 "누더기를 걸치고 굶어 죽을 지경으로 완전히 방치된 채 교육도 받지 못한 어린이들"이었지요. "한밤중인 두 시, 세 시, 네 시에 9세부터 10세 되는 아이들은 꾀죄죄한 침대에서 억지로 눈을 부비며 일어나 이슬처럼 덧없는 목숨을 잇기 위해 밤 열 시, 열한 시, 열두 시까지 강제적으로 노동을 해야 한다. 그들은 팔다리는 말라비틀어졌고 체구는 줄어들었으며 멍한 얼굴 표정을 짓고 있다. 그들의 인격은 마치 돌 같은 무감각 속에 경직되어 있는 듯 차마 말로 다 할 수 없는 잔혹한 모습을 띠고 있다."(앞의 책, 357쪽) 어떤 제조업을 조사한 바에 따르면 질문에 대답한 노동자

중 "270명이 18세 미만, 40명이 10세 미만이었고, 그중 10명은 겨우 8세, 5명은 6세에 불과했다."(앞의 책, 361쪽)

부인복 제조 공장에서 죽은 소녀의 부검 결과 보고서에는 "[그 소녀는] 다른 소녀들 60명과 함께 26시간 반 동안 쉬지 않고 일했다. 그녀들은 필요한 공기량의 1/3도 공급받지 못하는 방 하나에 30명씩 처넣어졌고, 밤에는 밤대로 두 사람씩 **하나의** 침대에 들어가야 했다. 침대는 하나의 침실을 나무판자 벽으로 여러 개로 나누어 놓은, 숨이 막히는 동굴 같은 장소에 놓여 있었다"(앞의 책, 373쪽)고 쓰여 있습니다.

그들은 열악한 노동 조건 때문에 폐렴, 폐결핵, 기관지염, 천식, 간장 및 신장 장애, 류머티즘 같은 병에 걸렸고, 어린 나이에 고통스러운 삶을 살아야 했어요.

마르크스가 '소외된 노동'이라는 개념을 통해 말하고자 한 것은 이러한 현실이었어요.

"노동자가 뼈가 부서지도록 일하면 일할수록 자신의 반대편에 만들어내는 소원한 대상적 세계는 그만큼 강대해지고, 그 자신, 즉 그의 내적 세계는 한층 고달파지며 더욱 가난해진다"(「경제학 철학 초고」, 『마르크스 컬렉션 I』, 310쪽)는 서술은 단순한 레토릭이 아니었어요. 아까 얘기한 부인복 공장의 소녀가 죽음에 이를 정도로 일하게 된 까닭은 "최근 외국에서 맞아들인 영국 황태자비가 주최하여 열리게 된 무도회를 위해서 귀부인들이 입을 의상을 마술사처럼 눈 깜짝할 새에 만들어내야 했기"(앞의 책, 「자본론 제1권(상)」, 372~373쪽) 때문이었어요. 삐쩍 마른 소녀들이 빽빽하게 들어 차 있는 지극히 비위생적인 봉제 공장에서 만들어진 생산물이 그대로 궁정 무도회에서 귀부인의 몸을 휘감았던 것이지요. 그런 현실을 여러분의 머릿속에 그려보면서 다음과 같은 마르크스의 글을 읽어 보면 어떨까요?

"노동자는 자신의 생명을 대상에 쏟아붓는다. 그러나 대상에 쏟아부은 생명은 이미 그의 것이 아니라 대상의 것이다 (……) 그의 노동이 들어간 생산물은 그의 것이 아니다. 따라서 이 생산물이 커지면 커질수록 노동자 자신은 그만큼 가난해진다. 노동자가 자신의 생산물을 **외화한다**는 것은 그의 노동이 하나의 대상에, 하나의 **외적인** 현실 존재가 된다는 것뿐만이 아니다. 그것은 그의 노동이 **그의 외부**에, 그에게서 독립한 소원한 형태로 존재하며 그에 대해서 자립적인 힘이 되는바, 그가 대상에 부여한 생명이 그에 대해 적대적이고 소원하게 대립한다는 의미이다."(앞의 책, 「경제학 철학 초고」, 310쪽)

마르크스가 말하는 '소외'란 이런 사태를 가리켜요. 자신의 뼈를 깎아 만든 상품이 (봉제공 소녀에게 궁정 무도회에서 귀부인이 휘감은 드레스가 그러한 것처럼) 자기한테는 대단히 소원한 것이 되어버리는 것……. 그뿐인가요? 드레스를 입고 있는 사람들이야말로 소녀들을 억압하고 수탈하는 체제의 수익자인 동시에 지지자이기도 하지요. 이것이 바로 '소외' 의 구조예요. 노동은 "궁전을 만들지만 노동자에게는 움막을 지어준다. 노동은 아름다움을 창출하지만 노동자에게는 기형을 만들어준다"(앞의 책, 312쪽)고 한 것은 레토릭이 아니었어요. 19세기 영국에서 '움막' 은 문자 그대로 '움막' 이고, '기형' 은 말 그대로 '기형' 이었으니까요.

앞의 편지에서도 썼다시피 마르크스의 윤리성은 이러한 자각이 있었다는 점에서 찾을 수 있어요. 마르크스 자신은 부르주아였으니 그가 인용한 가혹한 노동의 경험 같은 것은 안 해봤을 테지요. 하지만 강렬한 공감력과 상상력을 가지고 있었어요.

이시카와 선생이 연보를 훑어주었듯이 마르크스는 약관 24세에 《라인신문》의 주필을 맡아요. 그 뒤로도 꽤 가난하게 살지만 '움막' 이나 '기형' 을 경험한 적은 없지요. 절친한 친구 엥겔스는 부유한 부르주아 가정에서 성장했는데, 자기 집안의 면 공장을 경영하려고 맨체스터로 파견되었을 때 거기에서 영국 노동자의 열악한 노동 환경을 보고 경악하여 정치사상에 눈을 뜬 사람이에요. 엥겔스의 첫 저서는 『영국 노동자 계급의 상태』였는데, 이 책은 다음과 같은 글로 시작해요.

"노동자 계급의 상태는 오늘날 모든 사회 운동의 참된 기초이자 출발점이다. 왜냐하면 그것은 우리 시대의 사회적 비참함을 가장 최고로 드러내주는, 또한 가장 노골적인 정점이기 때문이다.(http://www.marxists.org/archive/marx/works/1845/condition-working-class/ch01.htm)

보세요. 소외론의 출발점이 '자신의 비참함'이 아니라 '타인의 비참함'을 목도한 경험이었어요. 마르크스는 "우리를 소외된 노동으로부터 해방시키자"고 주장한 것이 아니랍니다. "그들을 소외된 노동에서 해방시키는 것은 우리의 임무"라고 주장한 것이지요. 이렇게 윤리성이 높다는 점 때문에 나는 마르크스주의가 역사의 풍상을 견디며 살아남을 수 있었다고 생각해요.

젊은이들이 마르크스를 읽을 때 '소외된 노동'에 대해 이야기하는 그의 열의를 꼭 느꼈으면 좋겠군요. 극단적으로 말하면 화폐나 지대 같은 얘기는 별로 중요하지 않아요(하아, 이렇게 말하면 이시카와 선생이 역정을 내실지도 모르겠지만……). 마르크스가 지닌 인간적인 면은 그가 '소외된 노동자'를 생각할 때면 금방 흥분해버린다는 점이에요. 공평하지 않은 사회의 실상을 도저히 지나칠 수 없는 것이죠. 한 사람의 청년이 '인간적으로 산다는 것은 어떻게 사는 것일까' 하는 물음을 부여잡고, 당시의 사상이나 학문을 섭렵하면서 취할 것은 취하고 버릴 것은 버리면서 전력을 다해 '자신의 언어, 자신의 사상'을 세워나가는 일, 그 속에 깔려 있는 절박한 심정을 오늘날의 젊은이들도 공감했으면 하는 마음이에요.

또 하나의 논점은 '유적 존재'예요.

앞의 편지에서도 '공민'과 '사인私人'의 차이를 논하면서 나온 개념인데요. '공민'이 허구적인 존재이고 '사인'이 현실적인 존재인 한, 인간은 항상 사적 이익의 추구를 우선시하게 된다는 이야기를 했지요. '나만 좋으면 나머지는 상관없다'는 본심만 내세우며 살아간다면, 인간은 다른 사람들을 도구로 이용하고 수탈할 수밖에 없어요. 그렇다면 '모든 이의 행복을 배려하는 마음'이 '나 혼자만의 행복을 생각하는 마음'과 부딪치다가 결국에는 이기주의를 넘어서지 않으면 안 되겠지요. 그런데 어떻게 하면 그렇게 될 수 있을까요?

사회 제도를 바꾸거나 법률을 제정하거나 비인도적인 행위를 엄하게 처벌한다 해도 자기 이익을 추구하는 마음이 진심이라면 이 사회는 불공평함을 막을 수가 없어요. 사람들은 합법적인 수탈의 방식을 궁리할 것이고 대의명분을 내세운 지배 방식을 발명해내겠지요. 인간 자체가 변하지 않으면 세상은 좋아지지 않아요. 당연하다면 당연한 이야기지만 마르크스는 이 점을 이렇게 생각했어요. "어떻게 인간을 바꿀 것인가. '유적 존재'를 지향하면 바뀐다." 이것이 제3초고의 제2장 「사적 재산과 코뮌주의」의 중심 논점이에요.

지금 내가 인용하고 있는 책에서는 보통 '공산주의'라고 번역하는 Kommunismus를 '코뮌주의'라고 옮겨놓았어요. '코뮌 Kommune'이란 공동체를 가리키는데요. 나라나 지방 정부 같은 상명하달 시스템과 달리 사람들이 서로 얼굴을 마주하는 범위, 목

소리가 들리는 범위 안에서 합의를 통해 제도를 만들고 규정을 정하며 자치를 행하는 단위예요. 비교적 규모가 작고 중앙 집권적이지 않은 통치 기구를 말하지요. 이러한 조건을 정치 제도의 기본으로 삼고자 하는 것이 '코뮌주의'인데요. 이것을 '공산주의'라고 해버리면 역사적으로 현존했던 '공산당'이나 '국제 공산주의 운동' 같은 것과 어쩔 수 없이 연관시켜 이해하게 되지요. 그래서 그러한 구체적인 역사적 존재가 등장하기 이전에 아직 막연한 관점에 지나지 않았던 시기의 의미를 살리기 위해서 굳이 '코뮌주의'라는 번역어를 갖다 쓴 것 같아요(혼자만의 추측에 불과하지만).

『경철 수고』에서 마르크스가 '코뮌주의'의 원시적 형태를 다루면서 그것을 부정적으로 논하고 있다는 점에서 이 번역어는 적절한 것 같아요.

원초적인 형태의 '코뮌주의'라는 것은 모든 공동체 구성원의 재산을 공유하는 제도를 말하지요. 그러한 사회 제도가 정말 역사상 존재했는지 아닌지는 모르겠어요. 없었을지도 모르지요. 하지만 가설로는 있을 수 있어요. 마르크스는 그것을 '인간적이지 않은' 제도라고 부정해요.

예를 들어 그러한 공동체에서는 "**결혼**(이것은 물론 **배타적 사유재산**의 한 **형태**이다)에 대해 **여성의 공유**를 대치시키고, 따라서 여성을 **공동체의 공유** 재산으로 삼는 동물적인 형태까지 나타나게 된다."(앞의 책, 346쪽)

진실로 그런 사회 제도가 있었을까요? 하지만 있었다고 한들 인간적인 제도라고는 할 수 없겠지요. 왜냐하면 이런 코뮌주의는 "인간의 인격성을 하나부터 끝까지 부정하는" 것이며 "사유 재산의 철저한 표현"이자 "오로지 소유욕을 다른 방식으로 충족시키고 있을 뿐"이기 때문이에요.

이러한 코뮌에서도 소유욕은 억누를 수 없으며 질투나 부러움도 활발하게 기능하지요. 당연하잖아요? 이곳에서는 누구 한 사람이 다른 사람보다 더 많이 사유 재산을 가질 수 없기 때문이지요. 그러니까 전원이 전원을 대상으로 눈에 불을 켜고 재산을 사유화하고 있지는 않은지, 공유해야 할 것을 숨겨놓고 있지는 않는지, 의심의 눈길로 찾아내게 돼요. 결국 원시적이고 조야한 코뮌주의는 '질투와 평균화의 완성'에 다름 아니지요. 교양과 문명의 세계전체를 부정하고 인간을 원시 상태로 돌려놓고 있으니까요.

마르크스가 지향하는 것은 그러한 '조야한 코뮌주의'가 아니라, 가장 인간적이고 훨씬 문명적인 코뮌주의입니다. "인간에 의한, 인간을 위한, **인간적인** 본질의 현실적 **획득**으로서의 코뮌주의"(앞의 책, 349쪽)인 것이지요.

그런데 지금 인용한 구절을 보고 '어라? 어쩐지 어디선가 들어본 것 같은데?' 하고 고개를 갸웃거리는 분은 없나요? 네, 그래요. 링컨의 게티즈버그 연설하고 닮았지요. "인민의, 인민에 의한, 인민을 위한 정부" 말이에요.

링컨은 이 연설을 마르크스의 초고가 쓰인 지 20년쯤 지난 때쯤 했어요. 과연 링컨은 『경철 수고』를 읽었을까요? 알 수 없지요. 하지만 남북전쟁이 끝났을 때, 런던에 있던 마르크스가 에이브러햄 링컨에게 승전을 축하하는 전보를 친 것은 사실이에요. 축전을 보냈을 정도니까 링컨이 전보를 받고 보좌관한테, "이봐, 이 마르크스라는 사람이 누구야?" 하고 묻지는 않았을 것 같네요. 마르크스와 링컨은 동시대 사람이지요. 또 각각 상대방의 정치사상과 정치적인 비전을 알고 있었고 서로 존경하고 있었을 것 같아요(아마도……). 이런 일은 '미국사'와 '정치사상사'를 시간적 배열에 따라 따로따로 공부해서는 좀처럼 시야에 들어오지 않지요. 어떤 역사적인 시점에 서서 그보다 나중에 일어난 사건을 우선 괄호에 집어넣고 미래는 알 수 없다는 전제를 하고 나서, 그때 눈에 들어오는 것, 들려오는 소리, 느껴지는 공기를 상상으로 추체험하지 않으면 여간해서는 이런 일을 이해하기 어려워요.

마르크스가 『경철 초고』에서 그려내고자 한 인간적 코뮌주의 정체政體는, 남북전쟁으로 곳곳이 파괴된 뒤 어제까지 서로 총칼을 겨누던 미국 국민을 통합할 때 링컨이 내세운 '이상 사회'의 이미지와 그다지 동떨어진 것은 아니었다고 봅니다.

미국에는 마르크스주의자가 있을 리 없고 공산주의라는 사상적 전통도 없을 테니까 그런 일은 있을 수 없다고 생각할지도 모르겠는데요. 그건 여러분이 잘못 알고 있는 겁니다. 미국에서 마르크스주의 정치 운동이 뿌리 뽑힌 것은 비교적 최근이에요. 그러니까 1950년대 매카시즘McCarthyism[15] 선풍이 불었을 때니까요. 그때까지는 하버드 대학이나 프린스턴 대학에 '스탈린파'라든가 '트로츠키파' 학생들이 많았고, 그들은 (일본과 마찬가지로) 입에 침을 튀겨가며 논쟁을 벌이고 있었답니다. 미디어 세계에서도, 특히 동구계 유대인 이민자 출신 가운데 공산주의자가 적지 않았어요. 『미국의 반지성주의』를 쓴 리처드 호프스태터Richard Hofstadter나 『이데올로기의 종언』으로 유명한 대니얼 벨 같은 사람도 옛날에는 미국 공산당원이었어요.

마르크스가 어떤 코뮌주의 사회를 이상으로 품었는가를 이야기하다가 또 딴 길로 새버렸네요.

마르크스는 약간 꿈을 꾸듯이 이렇게 쓰고 있어요.

"이 코뮌주의는 인간과 자연, 인간과 인간의 투쟁에 대한 **참된** 해결이며, 현실 존재와 본질, 대상화와 자기 확인, 자유와 필연, 개個와 유類 사이의 투쟁에 대한 참된 해결이다." (앞의 책, 349쪽)

이 단계에서 '개와 유의 투쟁'은 해결된다고 마르크스는 썼어요. 바꾸어 말하면 '사인'과 '공민'의 대립이 해결된다는 것이지요. 그것은 곧 자신의 자연스러운 욕구를 채우는 행위가 그대로 공공의 복리로 이어지는 상태를 가리킵니다.

『논어』에도 나와 있듯이 "마음이 원하는 것을 따라도 법도를 넘지 않는다"는 경지가 그것이죠. 공자는 '일흔이 되었을 때'라고 연령의 조건을 붙였지만, 인간이 아무리 분방하게 욕망을 품어도 타인과 자연과 공생하는 이치를 벗어나지 않는 것을 인간적 성숙의 목표로 들고 있다는 점에서 공자와 마르크스가 하는 말은 그다지 다르지 않아요.

마르크스는 그러한 인간의 성숙을 '사회적'이란 술어로 나타냅니다.

이 말은 '사私'가 아니라 '공公'에 중심축을 놓는 인간의 모습을 가리킨다고 보면 돼요. 인간은 사회적일 때 인간적이며, 인간적일 때 사회적이라는 이치를 마르크스는 이런 식으로 기술해요.

"나는 **인간**으로서 활동하고 있기 때문에 **사회적**이다 (……) 그러므로 내가 스스로 무엇인가를 만든다고 해도 나는 그것을 사회를 위해 만드는 것이며, 나아가 내가 한 사람의 사회적인 존재라는 것을 의식하면서 만든 것이다."(앞의 책, 352쪽)

자기의 이익을 배타적으로 추구하는 인간은 사회적이지 않고 사회적이지 않은 인간은 인간적이지 않다고 마르크스는 말하고 있어요. '나를 위해 만드는' 자는 인간이 아니라 동물이라고요.

젊은 시절 읽을 때는 몰랐었는데, 『경철 수고』를 이번에 다시 읽고, '어이쿠, 마르크스가 이런 말까지 했구나' 하고 놀란 것은 유적 존재의 신체성에 대해 언급했다는 점이었어요.

인간이 사회적이라는 것은 신체적으로도 사회적이라는 말이겠지요. 이론적으로는 그래요. 이 말은 곧 자기가 생각한 대로 행동하면 그것이 한 치도 틀림없이 사회 전체의 복리를 위한 규범이 된다는 말이니까요. 유적 존재, 즉 뛰어난 사회적인 인간에게는 개인의 눈으로 보는 것이 사회적으로(즉 타자들과 함께) 보는 것이고, 개인의 귀로 듣는 소리는 타자들과 함께 듣는 음이며, 개인의 손가락으로 만진 것은 타자들과 함께 만진 것이 된다는 말이지요. 마르크스는 이 점에 관해 다음과 같이 서술해요.

"타인의 감각이나 정신도 내 **자신**이 내 것으로 삼는 것이라고 하자. 그렇기 때문에 이들의 직접적인 기관 외에 **사회적인** 기관들이 사회라는 **형태**에 입각하여 형성된다. 이를테면 다른 사람들과 직접 공동으로 수행하는 활동 등은 내 **삶을 표출하는** 하나의 기관이 되고 **인간적인** 삶을 내 것으로 삼는 방법의 하나가 된다."(앞의 책, 356쪽)

젊은 시절 이 구절을 슬쩍 넘어갔던 이유는 '타자의 신체와 함께 형성되는 공동의 신체'라는 생각 자체를 이해할 수 없었기 때문이었겠지요. 하지만 지금은 잘 알 수 있어요.

30년도 넘게 무도武道를 수행해오면서 '천하무적'이라는 터무니없는 과제에 대해 실천적으로 내릴 수 있는 해답은 '적을 만들지 않는' 것밖에는 다른 수가 없다는 것을 깨닫게 되었거든요.

"모든 병법자兵法者는 승부를 다투지 않고 강약에 구애되지 않으며 한 걸음 나가지 않고 한 걸음 물러서지 않는다. 적은 나를 보지 않고 나는 적을 보지 않는다."(택암澤庵, 『태아기太阿記』) 이런 것이 아닐까, 하고 망상을 부풀리고 있는 중이랍니다.

또 길어졌네요. 넓은 아량으로 헤아려주시고요.

다음은 『독일 이데올로기』 차례군요. 기대가 됩니다.

'마르크스주의'란 무엇인가, 『독일 이데올로기』

저는 『독일 이데올로기』에 이르러 대체로 마르크스가 '마르크스주의자'로서의 마르크스에 다다른 것이 아닌가 해요. 그것은 '사적유물론'의 기본적인 해명이 이루어지고 있기 때문이에요. 사적유물론은 인간 사회의 일부—정치라든가 경제라든가 문화 같은 것—가 아니라 전체를 통째로 다루면서 그 역사(변화)와 구조(짜임새)를 이름 그대로 '유물론'의 입장에서 탐구해간 학문이기도 하고, 또 마르크스주의에서 아주 중요한 이론적 요소인데요. 『독일 이데올로기』는 그것의 기본적인 골격을 처음으로 분명하게 밝힌 저술이라고 볼 수 있어요.

이시카와가 우치다에게

우치다 선생님, 며칠 사이에 날씨가 선선해졌네요. 슬슬 '극락 스키' 여행이 기다려지는군요.

2010년의 '극락' 여행은 3월 초순에 가기로 했는데, 그때까지 각종 입시에 연말 시험에 눈코 뜰 새 없이 바쁠 것 같아요. 당연히 채점도 해야 하고 참석해야 할 회의도 산처럼 쌓여 있거든요. 이런 업무를 다 치르고 난 다음에 가는 즐거운 '극락 스키' 여행이란 참으로 사막의 오아시스와도 같아요.

"산이 부르고, 눈이 부르고, 온천이 부르고, 술이 부르는구나⋯⋯." 그래요, 극락 여행이 없다면 계절 감각도, 일에 치이는 기분도 여간 냉랭하고 어두운 것이 아니겠지요.

자, 4개월만 참으면 노자와 온천에 있는 한 여관 간판에 '환영 극락 스키'라고 써넣을 수 있겠어요. 하긴 4개월이란 기간은 1년의 1/3이나 되니까 '극락 스키'라는 인간 해방의 힘은 그만큼 위대한 것이겠지요.

제가 '극락 스키' 모임의 제2대 간사이신 우치다 선생님으로부터 간사를 맡으라고 강요받은 것이—앗 실수, 강요가 아니라 그냥 인수받은 것이—벌써 10년 전이에요. 그동안 침대 열차 슈푸르호[16]의 운행 횟수가 줄어 이동에 곤란이 없도록 나고야에서 나가노로 가보기도 하고, 가나자와까지 선더버드[17]를 잡아보기도 하면서 온갖 방법을 취해보았지요.

그런데 이번에 갈 '극락' 여행에서는 간사 업무를 다른 젊은이에게 인계해볼까 생각 중이에요. 그 순간은 아마도 음주가무로 정신없는 늦은 밤이 될 것 같은데요. 그때 꼭 힘을 보태주시기 바랍니다.

격렬한 논의의 밤

이번에 받은 편지에서 우치다 선생님은 "각각 정치적 입장이나 의견이 다른 사람끼리 유쾌하고 예의 바르게 정치에 대해서 대화할 수 있고, 각자가 거기에서 생산적인 견해를 길어 올릴 수 있다는 실례를 보여주는 것이 대단히 중요하지 않을까?"라고 쓰셨네요. 정말 좋은 말씀이에요.

부드럽게 풀려나가던 대화가 어느새 감정적인 대립으로 발전한 나머지, 진절머리만 내는 결과를 낳는 예는 그다지 드물지 않겠지요.

이런 일과 관련해 노자와 온천에서 보낸 어느 밤이 생각나는군요. '극락' 여행 이야기만 해서 독자들에게는 좀 죄송하긴 하지만요.

우치다 선생님도 아마 기억하실 거예요. '신사협정'이 있었던 밤 말이에요.

열 명가량인 멤버들이 너나 할 것 없이 얼근하게 술을 마신 다음, "이제 슬슬 잡시다. 내일 아침 일찍 움직여야 하니까" 하면서 같은 방으로 돌아온 사람은 우에노 선생님, 우치다 선생님, 그리고 저였어요. 죽이 잘 맞는 3인조였지요. 그때 누군가 '한 잔만 더 하자'고 하는 바람에 술자리는 이어지고 이야기는—물론 모두들 이야기하기를 아주 좋아하는 사람들이었으니까—정치적인 화제로 흘러갔어요. 아마 1996년이나 1997년도였을 거예요. 분위기는 점점 달아올라 '사회주의란 것은 말이지⋯⋯', '일본의 공산당은⋯⋯', '소련 사회를 어떻게 볼 것인가?' 같은 이야기가 나오고, 각자 개인적인 체험을 바탕으로 생생하게 자기 의견을 개진하게 되었지요. 결국 세 사람 다 어딘가 석연치 않은 기분을 남기고 새벽 세 시가 되어서야 잠에 곯아떨어졌어요.

다음 날 아침, 연장자인 우에노 선생님께서 "수면 부족 상태에서 스키를 타는 것은 위험하니까 밤에는 정치적 논의를 하지 말기로 신사협정을 맺읍시다" 하는 제안을 하셨어요. 하지만 그날 밤이 되자 우에노 선생님이 정치적 화제를 신이 나서 꺼내는 바람에 "그런 얘기는 안 하기로 결정했잖아요" 하면서 마주 보고 웃었던 기억이 나요. 그해의 '극락 스키'는 격렬한 논의에도 불구하고 마지막까지 즐거웠고, 격론 끝에 저와 우치다 선생님의 관계가 서먹해지는 일은 없었지요.

우치다 선생님에 대한 대처 방법

돌이켜보면 그날 밤 서로 의 상하는 일 없이 논의를 했던 것이 지금 이렇게 '각각 정치적 입장이나 의견이 다른 사람끼리' 즐겁게 '예의'를 지키며 서로의 견해를 존중하면서 이야기할 수 있는 관계의 출발점이 된 것 같아요.

물론 하룻밤 새에 그런 관계가 만들어졌을 리는 없겠지요.

이를테면 제 마음속에는 오랜 세월에 걸쳐 "이 사람은—우치다 선생님 말이죠—인간으로서 신뢰할 수 있다"는 생각이 깊이 자리 잡고 있어요. 특히 대학의 운영을 둘러싸고 어떤 일이 있을 때마다 우치다 선생님은 '보신保身'과는 완전히 무관하게 언제나 자신의 주장을 굽히지 않는 모습을 보여주셨는데요. 그런 모습이 저한테는 중요하게 작용했어요.

마침 제가 조합의 위원장을 맡았을 때—상대방이 급속히 나긋해지는 바람에 도중에 불필요하게 되었지만—재판의 원고로 이름을 올리는 데 우치다 선생님만큼 한 치의 망설임도 보이지 않은 분은 없었어요. 자신의 직장을 상대로 재판의 원고가 되는 일이라면 누구라도 조금은 주저하기 마련이라고 생각하는데요. 우치다 선생님은 전혀 그런 모습을 보여주지 않았기 때문에 매우 인상 깊게 느껴졌어요.

또 하나는 말할 것까지도 없지만, 우치다 선생님의 지성에 대한 '경의'예요. '경의'라는 말을 쓰면 쑥스러워하실지도 모르겠지만, 역시 이럴 때는 '경의'라는 말이 맞아요. 조금 각도를 틀어보면 거기에는 자신과 사고방식이 다르고 전혀 다른 분야의 지식을 가진 인물에 대한 호기심도 들어 있어요.

10여 년을 사귀어오면서 "아, 그런 각도에서 생각하시는구나", "어라? 이런 점에도 주목하시는구나" 등등 의표를 찌르는 견해를 보여주신 적이 적지 않거든요. 그러한 체험이 쌓여서 여러 가지 의견의 차이는 있을망정 "이 사람은—아, 이번에도 우치다 선생님—나와 같은 것을 볼 때에도 나와는 다른 무언가를 보고 있을 가능성이 높구나" 하는 생각을 키워왔어요.

이러한 경위를 거치면서 우치다 선생님에 대해 저는 제 나름대로 대처 방법을 만들어왔어요.

그래서 '유대인 문제'든, 일본의 선거든, 다른 문제에 관해서든 "그게 아니라니까……", "그렇고말고……, 흠흠……" 같은 대꾸를 해줄 때는 무척 송구한 마음이 들어요. 반대로 우치다 선생님이 머릿속에 있는 서랍들을 열어서 보여줄 때는 '아, 이게 웬 횡재냐?' 하지요. 그것이 우치다 선생님이 말씀하신 '생산적인 견해를 길어 올리는' 이시카와다운 방법인지도 모르겠어요.

마르크스주의자로서의 마르크스가 말함

이번에 다룰 텍스트는 마르크스와 엥겔스의 공저 『독일 이데올로기』예요. 이 책은 공저라고는 하지만 마르크스 생전에 출판된 것은 아니에요. 원고의 상당 분량을 집필한 시점에 저간의 사정이 생겼는데요. 그래서 마르크스는 나중에 이렇게 회상하지요. "우리는 이미 스스로 문제를 해결한다는 주요 목적을 달성했기 때문에 기분 좋게 원고를 쥐들이 갉아 먹으면서 비판하도록 내버려두었다."(『「경제학 비판」에 부치는 서언 · 서설』, 17쪽)

저는 『독일 이데올로기』에 이르러 대체로 마르크스가 마르크스주의 이전의 마르크스로부터 마르크스주의자로서의 마르크스에 다다른 것이 아닌가 해요. 물론 세계관이나 경제 이론, 미래 사회론, 혁명 운동론 등 마르크스주의에 들어 있는 주요한 요소가 여기에서 한꺼번에 형성되었다는 뜻은 아니에요. 실제로 이 책에서 경제 이론은 거의 등장하지 않고 사회 변혁의 구체적인 운동론도 내비치지 않으니까요.

그러면 어떤 점 때문에 여기에서 마르크스가 마르크스주의자로서 출발점에 섰다고 생각할 수 있을까요. 그것은 '사적유물론'의 기본적인 해명이 이루어지고 있기 때문이에요. 사적유물론(유물론적인 역사관)이란 인간 사회가 무슨 이유로, 어떻게 원시 사회에서 오늘날에 이르는 역사적 발전을 이룩할 수 있었는가, 인간 사회는 어떠한 구조로 이루어져 있는가, 이제까지의 역사는 앞으로 일어날 사회 발전에 어떠한 시사점을 던져주는가 같은 문제를 생각하는 것이지요.

사적유물론은 인간 사회의 일부—정치라든가 경제라든가 문화 같은 것—가 아니라 전체를 통째로 다루면서 그 역사(변화)와 구조(짜임새)를 이름 그대로 '유물론'의 입장에서 탐구해간 학문이기도 하고, 또 마르크스주의에서 아주 중요한 이론적 요소인데요. 『독일 이데올로기』는 그것의 기본적인 골격을 처음으로 분명하게 밝힌 저술이라고 볼 수 있어요.

인간 사회의 진화에 도전하다

마르크스의 '유물론'은 온갖 오해를 받고 있는 것 중 대표적인 것인데 그 말의 정확한 이해는 다른 텍스트를 읽을 때 자세하게 시도해보기로 하지요. 다만 여기에서 한마디만 해두자면, 사적유물론이 '유물론'적이라는 말은 그것이 인간 사회의 역사적인 변화의 원동력을 '신'이나 '자아' 같은 사회 외부에 있는 어떤 정신에서 구하는 것이 아니라 어디까지나 사회 자체의 내부에서 탐구한다는 뜻이에요. 생물의 진화나 우주의 진화를 '신'의 의지로 설명하는 것이 아니라 사물 자체로부터 설명하는 것이 오늘날의 자연과학이 취하는 당연한 태도인 것처럼, 인간 사회의 진화도 사물 자체로부터 설명하고자 하는 것이 사적유물론의 입장이에요. 그것은 생물의 진화나 우주의 진화와 마찬가지로 인간 사회의 진화에 대해서도 과학적인 구명이 가능하다는 견지에 서 있지요.

"유물론은 인간의 정신보다 물질을 더 중요하게 생각한다"는 식의 오해가 있는가 하면, "사적유물론은 역사에서 차지하는 인간 의식의 역할을 경시한다"고 보는 소박한 관점도 있는 것 같은데요. 그러나 마르크스의 논의는 그 반대예요. 이를테면 '지금 이 사회 그대로가 좋지 않아?', '아니야, 이런 사회에서 살아가기는 힘들어'처럼 극단적으로 대립하는 의식이 같은 사회 내부에서 형성되는 것은 어떤 까닭일까, 그리고 대립하는 의식의 역관계가 변화해 가는 것은—그것이 실제의 사회 변화로 이어지는데요—어째서일까 등등, 인간 의식의 변화야말로 마르크스에게는 학문적 조명의 대상이 되고 있어요.

유물론적인 역사 이론의 완성

그러면 텍스트의 내용을 살펴보기로 해요. 이전에 만년(1885년)의 엥겔스가 마르크스와 본격적으로 만나게 된 계기를 회상하는 글을 소개했었는데요, 실은 그 마지막 부분은 이렇게 되어 있습니다.

① "내가 1844년 여름, 파리에서 마르크스를 방문했을 때, 모

든 이론적인 분야에 걸쳐 우리 두 사람의 의견이 완전히 일치한다는 것이 분명히 드러났다. 그때부터 우리는 공동으로 활동을 펼치기 시작한다."

　—'1844년 여름'은 마르크스가 『경철 수고』의 집필을 끝냈을 무렵이므로 '우리의 공동 활동'은 『신성 가족』의 공동 집필에서 시작되었어요.

　② "1845년 봄에 우리가 브뤼셀에서 재회했을 때 마르크스는 이미 위와 같은 원리를 전개하면서 그의 유물론적 역사 이론의 핵심 요점을 완성해놓고 있었다."

　—1845년 1월에 프랑스 정부가 마르크스를 파리에서 추방하라고 명령했으므로, 마르크스는 2월에 벨기에의 브뤼셀로 이사했어요. 일단 독일로 돌아와 있던 엥겔스도 4월에 브뤼셀로 찾아오는데, 그때 마르크스는 이미 '유물론적인 역사 이론'—사적유물론—의 '핵심 요점을 완성'해놓고 있었다는 것이에요.

　③ "그래서 새롭게 획득한 관점을 갖가지 다양한 방면에서 세세한 항목에 걸쳐 마무리하는 일에 우리는 달려들었다."(「공산주의자 동맹의 역사에 관해」, 『전집』 제21권, 216쪽)

　—이 사적유물론의 '마무리'는 다름 아닌 『독일 이데올로기』의 집필이었어요. 그것은 1845년 11월부터 1846년 여름까지 반년

이 걸린 작업이었어요.

프롤레타리아트의 구체적인 연구

엥겔스는 브뤼셀에 오기 전에 고향인 바르멘에서 『영국 노동자 계급의 상태』를 독일어로 다 써냈어요.

이 책은 《라인신문》 편집부에서 마르크스와 처음 냉랭하게 만난 일(1842년 11월)에 낙담하여 맨체스터로 건너간 엥겔스가 1844년까지 영국에서 생활하면서 노동자 계급의 노동과 생활에 대한 실태 조사를 분석한 것인데, 이것이 사적유물론을 '마무리'하는 데 커다란 역할을 수행하지요.

1825년 당시 영국은 세계 최초로 경제 공황을 겪고 1847년 두 번째 경제 공황을 눈앞에 둔 시기였고, 산업혁명—기계제 대공업의 성립—을 끝마치고 자본주의 경제의 독자적인 산업 순환을 드디어 개시하던 때였어요. 엥겔스는 이렇듯 막 성립했을 뿐인 자본주의를 관찰하여 산업혁명이 초래한 영국 사회의 커다란 변화와 그 중요한 내용이라 할 노동자 계급의 성립과 발전을 연구했던 것이지요.

24세에 엮어낸 이 책에 대해 엥겔스는 나중에 「독일어 제2판에 부친 서문」(1892년)에서 이렇게 말해요.

"이 책의 일반적인 이론적 입장—철학적, 경제학적, 정치적인 점에서—이 엄밀하게는 현재의 내 입장과 일치하지 않는다는 것을 말할 필요는 없을 것이다. 1844년에는 근대적인 국제적 사회주의가 아직 존재하지 않았다. 그 이후 특히, 거의 오로지 마르크스의 업적에 의해 그것은 하나의 과학으로 성장했다. 내 저서는 그 맹아적 발전의 한 국면을 나타내는 데 지나지 않는다."(『영국 노동자 계급의 상태(하)』, 203쪽)

만년의 엥겔스가 보기에는 청년 시절 자신의 저작에는 여러 가지 약점이 있었어요. 그러나 젊은 청년 마르크스가 보기에 영국 노동자 계급을 구체적으로 연구한 엥겔스의 성과는 커다란 의미가 있었지요.

"독일인의 해방은 인간의 해방이다. 이 해방의 두뇌는 철학이며, 그 심장은 프롤레타리아트다."(『전집』 제1권, 428쪽)

이 구절은 이미 소개한 「헤겔 법철학 비판 서문」에 나오는데요. 이 시점에서 마르크스는 자신이 '심장'이라고 자리를 매긴 '프롤레타리아트'의 구체적인 모습을 거의 쓸 수가 없었어요. 엥겔스의 연구는 이러한 마르크스의 지적 공백을 메워준 것이지요.

엥겔스는 헤겔이나 포이어바흐를 통해 성장해온 독일의 공산주의자들에게 "프롤레타리아의 현실적 생활 상태는 (……) 거의 알려져 있지 않다"(『영국 노동자 계급의 상태(상)』, 18쪽)고 썼는데요. 이러한 평가는 마르크스에게도 해당하는 것이었어요.

문제를 현실 세계로 끌어내리다

『독일 이데올로기』의 구성은, 제1권『최근의 독일 철학 비판』(Ⅰ. 포이어바흐/라이프치히 종교회의, Ⅱ. 성 브루노, Ⅲ. 성 막스/라이프치히 종교회의의 종결), 제2권『독일 사회주의 비판』(진정한 사회주의)으로 되어 있어요. 일본어 '전집' 판으로 580쪽이나 되니까, 엄청난 분량이지요.

제1권에서는 포이어바흐, 브루노 바우어, 막스 슈티르너를 검토하고 있지요. 이 세 사람은 모두 청년헤겔학파의 멤버로 한동안 마르크스와 헤겔이 높이 평가했었지요. '헤겔 좌익'이라고도 부르는 청년헤겔학파는 헤겔의 철학을 계승하는 사람들 가운데 가장 혁신적인 흐름을 나타내고 있었습니다.

헤겔의 철학에는 '변증법'이라 부르는 변혁의 정신이 내재해 있는데, 현실 세계에 대해 헤겔은 정치도 그렇고, 종교도 그렇고, 현재 세계의 모습을 훌륭하다고 옹호하는 보수적 ─ 현상 긍정적 ─ 인 태도를 취하고 있었어요. 청년헤겔학파는 이른바 헤겔의 언행 불일치에 불만을 품고, 특히 종교 분야에서 낡은 체제에 도전했어요.

그러나 그들도 대부분 자유나 민주주의 문제 같은 것을 당시 독일의 구체적인 정치 문제로 받아들이지 않고, 오로지 관념의 세계에서 벌이는 투쟁(공중전)으로 현실의 개혁 문제를 풀어나가려 한 약점을 갖고 있었어요.

이런 대목이 의견의 차이를 낳게 되어 마르크스는 《라인신문》

의 편집을 둘러싸고 바우어 형제와 심하게 맞붙었고, 엥겔스와 함께 쓴『신성 가족』에서 브루노 바우어를 집중적으로 비판하게 되지요.

그 후『신성 가족』에 대해 바우어 형제가 반론을 펼쳤는데, 그 과정에서 마르크스는 '포이어바흐의 아류'라는 비판을 받았어요.

같은 시기에 막스 슈티르너가『유일자와 그 소유』(1844년 10월)를 출판했는데, 이 책은 현실 세계의 존재 자체를 부정하고 '자아'만이 실재라고 하는 극단적인 논리를 폈어요. 이 견해에 따르면 현실을 개혁한다는 문제 설정 자체가 성립하지 않게 되어버려요. 독일의 사상계가 이런 상태였기 때문에 마르크스와 엥겔스는 우선 문제를 관념의 세계에서 인간이 매일 생활하는 현실 세계로 끌어내리지 않으면 안 된다고 생각했어요. 그것이 앞에서 소개한 '유물론'의 강조와 연관이 있습니다.

제2권에서는 당시 독일에서 유행하던 진정한 사회주의라는 사상적 조류를 비판하고 있어요. 프랑스나 영국에서 이러한 조류는 자기 나름대로 현실 세계를 직시한 결과 생겨난 사회주의 사상이었지만, 독일로 수입되면서 독일의 독특한 관념 세계와 결부되어버린 것이지요.

이데올로기라는 말의 의미

이런 내용을 담고 있는 580쪽 분량 전체에 마르크스와 엥겔스는 '독일 이데올로기'라는 제목을 붙였습니다. 이데올로기라는 말은 오늘날에도 다양한 의미로 쓰이고 있지요. 예를 들어 마르크스를 연구하여 나중에 러시아 혁명(1917년)을 이끈 레닌은 이 말을 사상 일반이라는 뜻으로 썼는데, 마르크스주의를 가리킬 때도 그는 '사회주의적 이데올로기'라고 표현했어요.

그러나 마르크스와 엥겔스가 『독일 이데올로기』에서 이야기하는 '이데올로기'에는 처음부터 비판적인 의미가 들어 있었어요. 이 문제를 놓고 주로 발언하는 사람이 엥겔스인데, 그는 다음과 같이 이야기합니다.

"이데올로기는 분명 이른바 사상가가 의식적으로 행하는 과정이지만, 그 의식은 잘못된 의식입니다. 사상가를 움직이는 본래의 추진력을 그 자신은 모르고 있으니까요. 그렇지 않다면, 그것은 결코 이데올로기적 과정이 아닐 것입니다."(「엥겔스가 메링에게 보낸 편지」, 1893년 7월 14일, 『전집』 제39권, 86쪽)

네 가지 초고를 순서대로

원고의 내용을 살펴봅시다. 여기에서는 제1권의 첫 부분인 「Ⅰ. 포이어바흐」부터 읽어나갈까 해요.

왜냐하면 이 부분이 마르크스와 엥겔스의 견해를 가장 잘 정리하여 전개한 곳이며 『독일 이데올로기』의 이론적인 도달점을 헤아리기 쉬운 곳이기 때문이에요.

다만 여기에도 골치 아픈 문제가 하나 있어요. 결국에는 출판에 이르지 못했기 때문에 원고를 끝까지 마무리하지 않았다는 점이지요. 그래서 「Ⅰ. 포이어바흐」에는 네 가지 초고가 남아 있어요. 이들 초고의 관계에 대해 전문가 사이에서는 갖가지 논의가 있었지요. 하지만 여기에서는 그렇게까지 깊이 들어가지 않고 다음과 같은 의견에 따르기로 할게요.

① 신일본출판사에서 낸 고전 선집『독일 이데올로기』(이하 인용은 본서)의 쪽수로 말하면, 네 가지 초고는 초고 〈1〉(15~29쪽), 초고 〈2〉(30~58쪽), 초고 〈3〉(59~64쪽), 초고 〈4〉(65~105쪽)로 나뉘어 있어요.

②『독일 이데올로기』의 최초 계획에는 독립된 「Ⅰ. 포이어바흐」라는 장이 없었고, 브루노 바우어를 비판하는 가운데 포이어바흐의 견해를 검토할 예정이었어요. 그러나 계획을 바꾸어 바우어 비판을 위해 쓴 초고의 일부를 가지고 초고 〈2〉를 만드는데요. 이것이 「Ⅰ. 포이어바흐」에 활용한 네 가지 초고 중 가장 오래된 것이에요.

③ 다음으로 「Ⅲ. 성 막스」를 집필하는 도중에 사적유물론이나 공산주의 혁명론에 대해 정리한 원고가 완성되는데, 이것이 「Ⅰ. 포이어바흐」를 쓰는 데 활용되지요. 이것이 초고 〈3〉과 〈4〉가 되어갑

니다.

④ 마지막으로 마르크스와 엥겔스는 초고 〈2〉, 〈3〉, 〈4〉를 바탕
으로 출판사의 인쇄 공정으로 넘기기 위해 「Ⅰ. 포이어바흐」의 완
성 원고를 써나가요. 그런데 도중에 출판 여부가 불투명해지고, 원
고의 마무리 작업은 중단되지요. 이렇게 쓰다 만 글을 청서淸書한
원고가 초고 〈1〉이에요.

이러한 과정을 거쳤기 때문에 마르크스와 엥겔스의 사상적 형
성 과정을 알기 위해서는 초고를 〈2〉, 〈3〉, 〈4〉, 〈1〉의 순서로 읽어
나갈 필요가 있어요. 그것이 사적유물론의 '마무리' 과정을 따라
읽는 방법이니까요.

중요한 것은 현실 세계의 변혁
① 초고 〈2〉는 우선 인간 해방을 둘러싼 유물론과 관념론의 대
립을 다루고 있어요. 현실 세계에서의 해방과 관념 세계에서의 해
방이 어떤 관계에 있느냐에 대해서 쓴 것인데요. 이런 측면에서
『독일 이데올로기』 전체의 「서문」에는 흥미로운 문장이 들어 있습
니다.

"어느 다기多氣찬 남자가 옛날에 인간이 물에 빠지는 것은 그들
이 중력의 사상에 붙들려 있기 때문일 따름이라고 믿었다. 이를테면

그들이 이 관념을 미신적인 관념, 종교적인 관념이라고 언명함으로써 그것을 머릿속에서 떨쳐낸다면, 그들은 모든 물의 재난을 면할 수 있을 것이다. 평생에 걸쳐 그는 중력의 환영과 싸웠지만 (……) 이 다기찬 남자야말로 독일의 새로운 혁명적 철학자를 대표하는 전형이었다."(앞의 책, 10쪽)

굉장히 호된 비판이지요. 물의 재난을 '중력의 사상'으로 설명하고 그 사상을 없애면 물의 재난도 없어진다고 하는 사고방식(관념론)으로는 현실의 재난을 없앨 수 없어요. '중력의 사상'이 존재하든 말든 그것과는 관계없이 중력은 존재하기 때문에 중력을 거스르는 방법을 몸에 익히지 않으면 물의 재난을 피할 수 없지요(유물론). 그럼에도 '새로운 혁명적 철학자'는 이른바 '중력의 환영'과 싸워서 현실 사회의 문제를 해결하고자 하는 오류를 범하고 있다는 말입니다.

②이러한 맥락에서 초고 〈2〉는 다음과 같이 말해요.

"현실적인 해방을 현실적인 세계 안에서, 또 현실적인 수단에 의하지 않고 이룩하는 것은 불가능하다."(앞의 책, 30쪽) "공산주의자들에게 중요한 것은 현존하는 세계를 변혁하는 것, 눈앞의 사물을 실천적으로 공격하고 변화시키는 것이다."(앞의 책, 31쪽)

그럼에도 "포이어바흐는 현실에 존재하는 활동적인 인간들에게 결코 도달하지 못한 채, '인간이라는 것' 같은 추상적인 수준에

머물러 (있다)." (앞의 책, 33쪽)

"포이어바흐가 유물론자인 한, 역사는 그가 있는 곳에 나타나지 않으며, 그가 역사를 고찰하는 한, 그는 유물론자가 아니다." (앞의 책, 34~35쪽)

제1권에서 비판한 세 사람 가운데 가장 높은 평가를 받는 사람이 포이어바흐인데, 그런 포이어바흐조차도 사회나 역사를 생각할 때 눈앞에 있는 구체적인 인간의 분석을 '인간이라는 것' 같은 추상론으로 슬쩍 바꾸어놓지요. 다시 말해 이 세상의 개혁은 인간 본래의 사상을 보급하면 된다는 식으로 해결해버리는 것을 그의 이론적 결함이라고 비판한 것입니다.

③ 이어서 마르크스와 엥겔스는 사적유물론의 기초를 다지는 데 적극 나섭니다.

"모든 역사의 제1전제, 즉 인간이 '역사를 만들' 수 있기 위해서는 삶을 영위해갈 수 있어야 한다는 것", "최초의 역사적 행위는 이들의 욕구를 충족시키기 위한 각종 수단의 산출, 즉 물질적 생활 자체의 생산이다." (앞의 책, 35쪽)

"제2전제는 충족된 최초의 욕구 자체, 충족의 행위 및 이미 획득한 충족의 도구가 새로운 욕구를 불러온다는 것이다." (앞의 책, 35~36쪽)

"제3의 전제는 자기 자신의 생명을 나날이 새롭게 만드는 인간

들이 다른 인간들을 만들어 번식하기 시작한다는 것이다."(앞의 책, 36쪽)

이런 인용문 주변에는 '생산력'이나 '인간 상호의 유물론적 관련'(앞의 책, 37쪽), '의식'이나 '언어'(앞의 책, 같은 곳) 같은 사적유물론의 기초 개념이 차례로 등장하고 있어요.

공산주의는 이상이 아니라 현실적 운동

④ 다음은 분업을 비판하고 분업을 뛰어넘는 것이 공산주의라는 논의입니다.

"분업―이 속에 이러한 모든 모순이 나타나 있으며", "분업과 사적 소유는 같은 것을 표현하고 있다."(앞의 책, 43쪽)

실은 엥겔스의 『영국 노동자 계급의 상태』에서는 사적 소유―나중에 자본주의를 가리키는 말―의 근본 문제가 '경쟁'에 있다고 했어요. 그러던 것이 여기에서는 '분업'으로 바뀌어 있습니다. 다만 아직 노동과 자본 관계에 기초한 '착취'에는 인식이 미치지 못했고, 자본주의 경제의 분석도 아직은 먼 상태였지요.

그런데 분업을 극복할 수 있는 것이 공산주의라고 해놓았어요.

"각자 배타적인 영역에서 활동하는 것이 아니라 각각 임의적인 부문에서 자신을 발달시킬 수 있는 공산주의 사회에서는 사회가 전반적인 생산을 규제하고, 그렇게 함으로써 실로 오늘은 이것을 하고 내일은 저것을 할 수 있게 되어 (······) 아침에는 사냥을 하고 오후에는 낚시를 하며 저녁에는 목축을 하고 식후에는 비판적 사유의 생활을 할 수 있게 된다."(앞의 책, 44쪽)

나중에 보듯이 마르크스의 주저 『자본론』에서는 분업을 생산력 발전에 불가분한 것이라고 긍정적으로 자리를 매기면서, 미래의 공산주의 사회에도 그것은 당연하게 계승된다고 말해요. 분업을 정면으로 부정하는 대목을 보면, 마르크스의 공산주의 사회론이나 그의 지적 성장에 얼마나 큰 변화가 있었는지 알 수 있지요.

나아가 여기에는 중요한 추기追記가 붙어 있어요. 『독일 이데올로기』의 원고는 종이를 좌우 두 쪽으로 나누어 왼쪽에는 본문, 오른쪽에는 추기 및 주석 등을 써넣고 있는데, 이 대목의 오른쪽에 마르크스는 다음과 같은 기술을 덧붙이고 있습니다.

"공산주의는 우리에게 만들어져야 할 상태도, 현실이 따라가야 할 '미래형'의 이상도 아니다. 우리가 공산주의라고 부르는 것은 현재의 상태를 폐기하는 현실적 운동이다. 이 운동의 제 조건은 지금 현존하는 전제로부터 생겨난다."(앞의 책, 46쪽)

한마디로 공산주의는 이상적인 나라(유토피아)라는, 제멋대로 그린 설계도에서 탄생하는 것이 아니라, 자본주의가 껴안고 있는 문제를 하나하나 해결해나가는 과정에서 그 모습이 정해지는 결과라는 말이에요. 이 참신한 발상은 후대까지 마르크스의 혁명론이나 미래 사회론에서 중요한 기둥이 됩니다. 미래는 인간이 사회에 자유롭게 갖다 붙일 수 있는 것이 아니라 현존하는 사회 안에서 생겨나는 것이라는 뜻이지요. 그러한 시각에서 나중에 엥겔스는 자신들의 학설을 '공상적 사회주의'와 구별하여 '과학적 사회주의'라고 특징짓고 있습니다.

교통 형태와 시민사회

⑤ 나아가 이러한 역사관을 정식화하는 시도가 이어져요.

"이제까지 모든 역사적 단계에 존재한 생산력에 의해 조건을 규정당하고, 또 그것에 조건을 부여하는 교통交通 형태는 시민사회다 (……) 이미 여기에서 분명히 밝혀진 바는 시민(부르주아)사회가 모든 역사의 참된 화덕이며 무대라는 것, 또한 현실적 관계를 무시하고 허풍스러운 정치극에만 주목한 이제까지의 역사관이 얼마나 우스꽝스러운가 하는 것이다."(앞의 책, 46~47쪽)

여기에는 '교통 형태'와 '시민사회'라는 중요한 용어가 등장하는군요. 여기에서 '교통'은 탈 것을 이용하여 사람 등이 오고 가는 것을 가리키는 일상어가 아니에요. 이는 물질적 생산 속에서 인간들이 맺고 있는 사회적인 관계를 가리키는데, 나중에는 '생산 관계'라고 일컫게 되지요('교통 형태'라는 용어는 대단히 단명하여 마르크스가 이 말을 사용한 것은 오직 『독일 이데올로기』에서였답니다). 1년 후에 출판한 『빈곤의 철학』(1847년)에서는 이미 '생산 관계'라는 새로운 용어로 바뀌어 있어요.

또한 '시민사회'는 역사 변화의 '화덕'인 '교통 형태'를 정치나 종교 등 상부구조와 대비하여 나타내는 말이에요. 이것은 나중에 '사회의 경제적 구조'라든지 경제적인 '토대'라고 불리게 되는데요. 이른바 '토대와 상부구조'론이 여기에서 고개를 쑥 내밀고 있네요.

공산주의는 생산력을 지배한다

⑥ 다음은 공산주의 혁명에 대한 이론인데요. 혁명은 '자연 발생적'으로 발전해온 '생산력'을 '의식적으로 지배'해가는 것(앞의 책, 49쪽)이라고 한 다음, 다음과 같은 네 가지 '결론'을 내고 있어요.

(1) "생산력이 발전하는 가운데 현존하는 관계에서는 해를 미칠 뿐으로, 이미 어떤 생산력도 되지 못하고 오히려 파괴력(기계와 화폐)이 된 생산력과 교통 수단이 부상하는 단계가 나타난다―이와 관련하여 사회의 모든 짐을 져야 하지만 이익이 돌아가는 일은 없는 하나의 계급, 사회로부터 내침을 당하고 다른 모든 계급과 결정적인 대립을 강요당하는 하나의 계급이 떠오른다."(앞의 책, 49쪽)

그것이 프롤레타리아트라는 겁니다.

(2) "일정한 생산력이 그 속에서 작용하는 조건이란 사회의 일정한 계급이 지배하는 조건이며, 이 계급의 사회적인 힘, 그들의 소유로부터 생겨나는 힘은 그때마다 국가 형태를 통해 그 실천적＝관념적인 표현을 가지고 있다. 그렇기 때문에 모든 혁명적 투쟁은

그때까지 지배해온 계급을 향해 벌어진다."(앞의 책, 50쪽)

그래서 프롤레타리아트는 부르주아지의 정치적 지배와 싸운다는 말이에요.

(3) "공산주의 혁명은 이제까지 행해온 활동의 방식에 맞서서 노동을 제거하고, 모든 계급의 지배와 더불어 계급 자체를 폐지한다."(앞의 책, 같은 곳)

'노동을 제거한다'는 것은 의아스러운 표현이지만, 이것은 『경철 수고』에서 논한 '소외된' 노동을 제거한다는 뜻이겠지요.

(4) "공산주의적 의식을 대규모로 산출하기 위해서도, 목적 자체를 완수하기 위해서도 인간들의 대규모적인 변화가 필요한데, 이 변화는 실천적 운동, 혁명을 통해서만 일어날 수 있다."(앞의 책, 같은 곳)

공산주의를 향한 혁명은 그러한 사회를 추구하는 수많은 사람들의 의식의 형성을 필요로 한다는 말인데요. 이 '의식' 문제에 대해서는 초고 〈3〉에서 추가적인 검토가 이루어지고 있어요.

시민사회는 인간의 역사 전체의 기초

⑦ 그러고 나서 다시 한 번 사적유물론의 정식화를 시도하고 있지요.

"이러한 역사의 파악은 다음과 같은 전제 위에서 이루어진다. 즉 그것은 현실적인 생산 과정이 직접적 생활의 물질적 생산에서 출발하여 전개된다는 것, 그리고 이 생산 양식과 결부하여 그것에 의해 만들어진 교통 형태를, 그러니까 시민(부르주아)사회를 그 다양한 단계에 걸쳐 역사 전체의 기초로서 파악한다는 것, 그리고 시민사회를 국가가 취하는 행동을 통해 나타내고, 또한 종교, 철학, 도덕 같은 의식의 모든 다양한 이론적 산출물과 형태를 시민사회를 통해 설명하고, 그것들의 성립 과정을 그것들로부터 추적한다는 것이다. 그 경우 당연히 사물도 전체성을 통해(그래서 이들 다양한 측면끼리의 상호 작용도) 드러날 수 있다."(앞의 책, 50~51쪽)

여기에서는 '사적 소유' 뿐 아니라 역사의 '다양한 단계'를 파악하는 방법을 다듬고 있군요. '교통 형태', 그러니까 '시민사회'가 '역사 전체의 기초'이며 국가나 다양한 의식의 '성립 과정'은 '시민사회'로부터 그 자취를 더듬을 수 있다는 것, 그렇게 함으로써 다양한 측면의 '상호 작용'을 내포한 역사의 '전체성'을 파악할 수 있다는 식으로 정리할 수 있겠네요. ⑤와 똑같은 말을 하고 있는 것 같지만, 여기에는 인간 사회에 대한 한 걸음 더 나아간 분석이 오롯이 담겨 있어요.

중요한 것은 해석이 아니라 현실의 변화

⑧ 마지막으로 다시 한 번 '철학자들'의 관념사관을 비판하고 있네요.

"독일인은 '순수 정신'의 영역 안에서 움직이고, 종교적 환상을 역사의 추진력으로 삼는다. 헤겔의 역사철학은 이러한 독일의 역사 기술 전체를 통틀어 마지막 형태, 즉 종교적 환상의 '가장 순수한 표현'이 도달한 귀결이다. 독일의 역사 기술이 문제로 삼는 것은 현실적 이해관계나 정치적 이해관계가 아니라 순수한 사상이다."(앞의 책, 53쪽)

"인간의 상호관계에 대해 포이어바흐가 연역해낸 것 전체는 오로지 인간들이 서로 필요로 하며 언제나 서로 필요로 해왔다는 것을 증명한 데 있다. 그는 이 사실에 대한 의식을 확립하려고 했다. 따라서 그는 다른 이론가들처럼 현존하는 사실에 대한 올바른 의식만을 제시하려고 했을 뿐이다. 그러나 참된 공산주의자에게 중요한 것은 기존 사물의 질서를 뒤엎는 일이다."(앞의 책, 56~57쪽)

이상이 초고 〈2〉의 줄거리예요.

사적유물론의 탐구와 공산주의 혁명의 모색이 한 덩어리가 되어 전개되고 있다는 점이 특징적이군요. 다만 여기에서 혁명의 필연성에 대한 논증은 아직 매우 불충분한 상태에 머무르고 있어요. 앞에서도 몇 번이나 이야기했지만, 그 이유는 자본주의 경제에 대한 마르크스의 분석이 거의 전개되지 않은 단계이기 때문이지요.

또한 사적유물론의 내용에 대해서도 '시민사회'가 '역사의 참된 화덕'이라는 지적은 하고 있지만, '시민사회'가 지닌 내부 모순과 정치나 사회적 의식의 관계, 그것이 혁명을 어떻게 준비하고 있는가에 대해서는 아무 언급도 하지 않았어요.

이어지는 초고 ⟨3⟩, ⟨4⟩는 이러한 남은 과제를 뚜렷하게 의식한 글이라고 할 수 있습니다. 초고 ⟨3⟩은 특히 상부구조의 문제를 집중적으로 다루고, 초고 ⟨4⟩는 '시민사회'와 공산주의 혁명의 관계에 초점을 맞추고 있어요.

지배적인 사상은 지배적인 계급의 사상

초고 ⟨3⟩은 '시민사회'와 사회적 의식의 관계를 다루고 있습니다.

① 먼저 사회의 지배적 사상이 지배 계급의 사상이라는 문제인데요.

"어떠한 시대에도 지배 계급의 사상은 지배적 사상이다. 다시 말해 사회의 물질적인 힘을 지배한 계급이 동시에 그 사회의 정신적인 힘을 지배한다", "그들은 (……) 사상의 생산자로서도 지배할 뿐 아니라, 그들 시대의 사상에 관해 생산과 분배를 규제한다 (……) 따라서 그들의 사상은 그 시대의 지배적 사상인 것이다."(앞의 책, 59쪽)

'철학자들'은 사상(의식이나 이념이나 자아 등)이 사회의 지배자라고 하지만, 마르크스와 엥겔스는 이와 반대로 현실 세계의 지배자야말로 그들의 사상을 지배적인 사상으로 만들어간다고 말합니다.

②다만 시대의 사상은 언제나 올바르기 때문에 지배적이라는 외관을 두르고 있지요. 이 점에 대해서는 이렇게 말해요.

"분업은 이제 지배적 계급 안에서도 정신적 노동과 물질적 노동의 분할로서 나타난다. 그 결과 이 계급 내부 가운데 한쪽이 이 계급의 사상가가 되는바, 요컨대 이 계급이 스스로에 대한 환상을 만들어내는 것을 주요한 생업으로 삼는다." 그 결과 "흡사 지배적 사상이 지배적 계급의 사상이 아니고, 이 계급의 힘과는 다른 힘인 것 같은 외관"이 생겨난다.(앞의 책, 60쪽)

오늘날에 빗대어 말하자면, 학자나 평론가 같은 전문가가 마치 자기 자신의 독자적인 판단인 것처럼 떠들어대는 것들이 실제로는 경제적인 지배자들의 사상―예를 들면 재계의 '구조개혁' 론이나 '자기책임' 론 같은 것―을 대변한다는 말이에요.

그러므로 "종래의 지배 계급을 대체한 모든 새로운 계급은 자신의 목적을 수행하기 위해서는 자신의 이해관계를 사회 성원 전체의 공통적인 이해관계로서 추구할 수밖에 없다. 다시 말해 (……) 그들의 사상을 단지 하나의 이성적이고 보편타당한 사상으로서 추구할 수밖에 없다."(앞의 책, 61쪽)

한마디로 사회의 개혁을 추진하기 위해서는 지배적인 사상으로부터 마치 사회 전체의 이익을 대표하는 것 같은 외관을 벗겨내는 독자적인 작업―사상의 분야에서 치르는 싸움―을 피할 수 없다는 말이지요.

지배적인 사상을 시민사회를 통해 추적하다

③ 다음으로 공산주의 혁명은, 사상이 참된 지배자라는 '가상'(겉으로 보이는 모습)을 낳는 조건을 제거해간다고 해요.

"마치 어떤 특정한 계급의 지배가 어떤 사상의 지배에 지나지 않는 것처럼 보이는 이 가상 전체는, 일반적으로 사회 질서의 형태가 더 이상 계급의 지배가 아니게 되는 순간, 따라서 어떤 특수한 이해관계를 보편적인 이해관계로, 또는 '보편적인 것'을 지배적인 것으로 나타낼 필요가 없어지자마자, 말할 것도 없이 저절로 사라진다."(앞의 책, 62쪽)

④ 마지막으로 여기서도 의식이나 사상이 사회의 지배자라는 '철학자들'의 관념사관을 비판하고 있어요.

"일상생활에서는 어떤 장사꾼이라도 자기 자신이 이런 사람이라고 말하는 바에 비추어 그가 실제로 그러한지 아닌지를 매우 잘 구별할 수 있음에도, 우리의〔철학자들의-이시카와〕 역사 서술은 아직 이러한 상식적 수준의 인식에 도달한 적이 없다. 그러한 역사 기술은 각각의 시대가 스스로에 대해 이야기하거나 그려내고 있는 것을 곧이곧대로 믿는다."(앞의 책, 63~64쪽)

그 시대의 지배적 사상을 바탕으로 그 시대를 이해하고자 한다면, 그것은 지배자들에게 유리한 해석밖에 되지 않는다는 것, 그렇기 때문에 그 시대나 사회가 '실제로 그러했던 점'을 사실에 근거하여 분석하는 일이 역사에 대한 과학의 역할이라고 말하고 있어요.

이상의 내용은 초고 〈2〉에서 기술하고 있는 "종교, 철학, 도덕 같은 의식의 모든 다양한 이론적 산출물과 형태를 시민사회에 의해 설명하고, 그것들의 성립 과정을 그것들로부터 추적하는 것"(앞의 책, 51쪽)을 더욱 구체적으로 전개한 것이라 할 수 있습니다.

휴우, 긴 여정이었네요. 이 글을 써 내려갔던 마르크스와 엥겔스의 에너지가 소름이 끼칠 만큼 대단하게 느껴지지 않나요? 이런 글을 580쪽이나 계속 써 내려갔으니 말이지요. 놀랄 만한 기력과 집념이 아닐 수 없네요. 아시다시피 이들의 원고는 이미 정리해놓은 아이디어를 글로 쓱싹 정리한 것이 아닙니다. 몸속 어딘가에 남아 있을지도 모르는 아이디어를 무리하게 쥐어 짜내는 듯한 작업이었으니까요. 자기 자신과 벌인 격투라고도 할 수 있겠지요. 마르크스는 이렇게 쉬지 않고 펜을 움직임으로써 자신의 두뇌를 움직이고자 했던 사람이었어요.

이 편지를 읽느라 힘이 부친 분은 잠시 휴식을 취해도 좋겠습니다. 하지만 반드시 돌아오셔야 해요.

생산력과 생산 관계의 모순으로부터

초고 〈4〉로 들어가 보죠. 이것은 네 가지 초고 중에서 가장 분

량이 길지만, 단편적이어서 앞의 것 이상으로 맥락이 통하지 않는
대목이 많아요.

① 먼저 경제의 역사를 살펴보고 있는데요. 첫 대목은 '분업'
의 발전이라는 각도에서 정리한 것인데, 중간부터는 상업과 공업
의 발전으로 관점이 벗어나 있어요. 전체적으로 역사의 단계를 해
명하는 명쾌한 방법론을 갖추고 있지는 못해요. 여기에서는 마르
크스 사상의 성숙함을 준비하는 몇 가지 예를 소개하는 데 그칠까
해요.

"대공업에서는 생산 도구와 사적 소유의 모순이 비로소 대공
업의 산물로 나타나는데, 그러한 산물을 낳기 위해서는 대공업이
이미 상당히 발달해 있지 않으면 안 된다. 그러므로 대공업과 함께
사적 소유의 폐지도 비로소 가능하다."(앞의 책, 66쪽)

"대공업이 모든 문명국과 그곳의 모든 개인의 욕구를 충족하
기 위해서 그들을 전 세계에 의존시키고, 개별 국가가 이제까지 지
녔던 자연 발생적인 배타성을 없애고 나서야 비로소 대공업은 세
계사를 낳았다."(앞의 책, 79쪽)

여기에서는 '대공업'—산업혁명에 의해 성립된 기계제 대공
업—이 공산주의 혁명의 전제가 된다고 규정하고 있어요. 그 후에
는 사적 소유가 생산력 발전의 '질곡'이 된다는 글도 등장해요.

"[대공업은] 대량의 생산력을 낳았지만, 그 생산력에 사적 소유

는 질곡이 되었다. 그것은 직장조합[길드]이 매뉴팩처의 질곡이 되고, 소농 경영이 발달하고 있는 수공업의 질곡이 된 것과 마찬가지다."(앞의 책, 같은 곳)

이 '질곡'론은 자본주의에 대한 분석이 심화될수록 마르크스가 만년까지 지속적으로 탐구해가는 주제예요.

② 다음은 혁명의 '기원'과 다양한 혁명의 '형태' 문제를 볼까요.

"생산력과 교통 형태의 이러한 모순은 그때마다 혁명 속에서 폭발하지 않을 수 없었다. 그때 이 모순은 동시에 충돌의 총체, 다양한 계급의 충돌, 의식의 모순, 사상 투쟁, 정치 투쟁과 같은 다양한 부차적 형태를 띠었다."(앞의 책, 81쪽)

"내 견해에 따르면 역사상 모든 충돌은 생산력과 교통 형태 사이의 모순에 그 기원을 두고 있다."(앞의 책, 같은 곳)

이제까지 혁명에 이른 사회의 충돌은 언제나 생산력과 교통 형태 사이의 모순에 '기원'을 두고 있고, 그것이 사상이나 정치 분야의 투쟁 같은 '부차적 형태'를 띠고 있었다는 말이에요.

아까 미래의 사회에다 이상을 갖다 붙일 수 없다는 구절을 소개했었지요. 이 말은 혁명을 추구하는 인간들의 노력도 생산력과 생산 관계의 모순, 즉 '시민사회' 내부의 모순을 통해 설명할 수 있다는 문장으로 보충할 수 있어요.

계급의 형성과 성숙에 관하여

③ 이어서 '계급'의 형성과 그것에 대한 개인의 '종속' 문제로 가볼까요.

"개개인은 그들이 다른 계급에 대해 공동의 투쟁을 벌이지 않으면 안 되는 한에서 하나의 계급을 형성한다."(앞의 책, 84쪽)

"개인은 그들의 생활 조건을 미리 정해진 것으로 인식하고, 계급에 의해 그들의 사회적 지위와 더불어 그들의 인격적 발전도 규정받는다. 이렇게 그들은 계급에 의해 종속당한다."(앞의 책, 같은 곳)

"개인의 이러한 종속은 지배 계급에 저항할 때 어떤 특수한 계급적 이해관계도 관철시킬 필요가 없는 하나의 계급이 형성되기 전까지는 폐지하는 것이 불가능하다."(앞의 책, 84~85쪽)

여기에서 마르크스와 엥겔스는 계급이 '공동의 투쟁'에 의해 형성된다고 했지만, 이후에 쓴 『철학의 빈곤』에서는 생산 관계 속에서 차지하는 지위에 기초한 계급과 그 지위의 자각에 기초한 '대중 그 자체의 계급'을 구별하게 됩니다. 그리고 이미 보았듯이 『공산당 선언』에서는 더욱 성숙한 모습을 띠게 되지요.

전면적인 발달의 조건은 자유로운 개인의 연합에서

④ 그 다음은 공산주의 사회론이에요. 여기에서도 공산주의는 분업의 폐지를 전제한다고 말해요.

여기에서 주목하고 싶은 대목은 다음과 같은 문장입니다.

분업의 폐지를 전제한 "공동 사회에서야말로 비로소 각 개인이 자신의 소양을 모든 방면에서 발달시킬 수 있는 수단이 존재하며, 따라서 공동 사회가 되어야 비로소 인격적 자유가 가능해진다."

"참된 공동 사회에서 개인은 그들의 연합 속에서, 또 연합을 통해서 동시에 그들의 자유를 획득한다."(앞의 책, 85쪽)

여기에 등장하는 인간의 전면적인 발달과, 개인의 자유와 연합(결합)이라는 문제는 마르크스가 계속 발전적으로 탐색해가는 중요한 논점입니다.

"공산주의가 이제까지의 모든 운동과 구별되는 점은 그것이 이전의 모든 생산 관계와 교통 관계의 기초를 뒤엎는다는 것, 처음으로 모든 자연 발생적 전제를 이제껏 쌓아온 인간들의 소산으로 의식적으로 다룬다는 것, 그리하여 그들 전제의 자연적 성격을 벗겨내어 결합한 개인들의 힘 아래 굴복시킨다는 것이다."(앞의 책, 89쪽)

"그렇기 때문에 공산주의의 수립은 본질적으로 경제적이며, 이러한 결합의 조건을 창출하는 것이다. 공산주의는 현존하는 조건을 결합의 조건으로 바꾸어놓는다."(앞의 책, 같은 곳)

개인의 전면적인 발달을 위한 조건은 자본주의 사회가 지닌 '자연 발생적인 전제'를 '결합한 개인의 힘 아래 굴복시키는' 것에 의해 생겨나며, 그러기 위해 필요한 개인의 '결합'이나 '연합'은

'마르크스주의'란 무엇인가, 『독일 이데올로기』 193

무엇보다 경제의 개혁을 통해 생겨나는 것이라는 말이지요. 아까 '토대와 상부구조' 론과 연결 지어보면, 개인의 자유와 발달을 위해서는 무엇보다 경제적인 토대를 바꾸는 것이 필요하다는 뜻이 되겠습니다.

생산 도구를 만인의 소유로

⑤ 이다음에 아까도 등장했던 '질곡' 론을 새롭게 교통 형태와 생산력 발전의 상호관계 안에서 규정하려는 문장이 이어져요.

"처음에는 자기 활동의 조건으로서, 나중에는 그 질곡으로서 나타난 이들 다양한 조건은 역사적 발전 전체를 통해 교통 형태와 연관된 하나의 계열을 이루고 있다. 이 연관성으로 인해 이제 질곡이 되어버린 이전의 교통 형태를 대신하여 좀 더 발전한 생산력, 그러니까 개인의 자기 활동이 진보한 방식에 걸맞은 새로운 교통 형태가 들어서게 되고, 그것이 이번에는 또다시 질곡이 되어 차기의 다른 교통 형태로 바뀐다는 점에 있다." (앞의 책, 91쪽)

여기에서 '자기 활동' 이라고 일컫고 있는 것은 『경철 수고』가 기술한 '노동의 소외' 를 대체한 말인데요. 각자가 자신의 의사와 계획에 따라 생산하고 생산의 성과를 소유하며 그 활동을 통해 성장할 수 있는 그러한 생산 활동을 가리키는 말이에요.

⑥ 다음으로는 대공업과 관련한 공산주의 사회의 특징도 그려

지고 있습니다.

"이제 개인은 그들이 자기 활동을 이루어내기 위해서뿐만 아니라 애초부터 그들의 생존을 확실하게 하기 위해서도, 현존하는 생산력의 총체를 자기 것으로 획득하지 않으면 안 되는 시점에 이르렀다 (……) 생산 도구 총체의 획득은 (……) 개인 스스로의 입장에서는 능력 총체의 발전이다."(앞의 책, 97~98쪽)

여기에 등장한 '생산 도구 총체의 획득'은 나중에 '생산 수단의 사회화'로 정식화되는 문제인데요. 이것이 공산주의를 실현하기 위해 필요한 경제 개혁의 핵심 부분이라는 논점으로 발전하게 됩니다.

한편, 생산 도구의 획득이 다음과 같이 '만인', '결합한 개인들'에 의해 이루어진다는 점도 강조하고 있어요.

"이제까지 모든 획득의 경우에는 다수의 개인이 단지 하나의 생산 도구에 종속당한 채 이루어졌지만, 프롤레타리아가 획득하는 경우에는 다수의 생산 도구가 개인에게, 또한 소유가 만인에게 종속되지 않으면 안 된다. 현대의 보편적 교통은 그것이 만인에게 종속당하는 것 말고는 개인에게 종속당하는 것이 불가능하다."(앞의 책, 98쪽)

"이 단계에서야 비로소 자기 활동은 물질적 생활과 일치하며, 그것은 개인이 총체적 개인으로 발전하는 것과 일체의 자연적 성격을 폐기하는 것과 조응한다. 그때 노동이 자기 활동으로 전화하는 것은 이제까지 제약을 받았던 교통이 개인으로서의 개인의 교통으로 전화하는 것을 의미한다. 결합한 개인이 생산력 총체를 획득함과 동시에 사적 소유는 끝난다."(앞의 책, 99쪽)

시민사회는 모든 시대의 토대였다

⑦ 그리고 또다시 사적유물론의 정식화를 시도합니다. 자신들의 사상이 한 걸음씩 성숙할 때마다 마르크스와 엥겔스는 되풀이하여 이 거대한 과제에 도전하지요. 이즈음에 나온 글에서 명확하게 드러나는 것은 '시민사회'의 정의예요.

"시민사회는 생산력이 일정하게 발전한 단계 안에서 개인의 물질적 교통 전체를 포괄한다. 그것은 어떤 단계의 산업적 및 공업적 생활 전체를 포괄하는데, 그런 한에서 국가와 국민을 초월한다."(앞의 책, 99~100쪽)

"시민사회라는 말은 소유 관계가 이미 고대와 중세의 공동체에서 일탈한 18세기에 나타난다. 시민사회로서의 시민사회는 이윽고 부르주아지와 함께 발전하지만, 모든 시대의 국가 및 여타의 관념론적 상부구조의 토대를 이루고 있으며, 생산 및 교통에서 직접 발전하는 사회 조직은 끊임없이 같은 이름으로 불려왔다."(앞의 책, 100쪽)

'시민사회'는 여태껏 '모든 시대에' 국가나 사회적 의식 같은 상부구조에 대하여 그 토대를 점해왔다는 말인데요. 그러니까 역사를 해명하려면 그 시대의 경제를 해명하는 것이 가장 중요한 작업이라고 하는군요.

⑧ 마지막은 국가와 법과 소유의 관계예요.

"국가는 지배 계급에 속한 개인이 그들의 공동 이해관계를 관철시켜 어느 특정한 시대의 시민사회 전체를 총괄한 형태이기 때문에 그 귀결로서 모든 공통의 제도가 국가의 매개에 의해 정치적 형태를 띠게 된다. 그로부터 법률은 의지에 기초한다는, 그러니까 현실적 토대에서 떨어져 나온 의지인 자유로운 의지에 바탕을 둔 것 같은 환상이 생겨난다."(앞의 책, 101~102쪽)

국가나 법률도 그 내실을 들여다보자면 지배 계급의 경제적 이해관계를 관철시키고 있다는 말이지요.

이상이 초고 〈4〉의 대체적인 요지예요.

도중에 끝나버린 청서 원고

드디어 마지막인 초고 〈1〉까지 왔네요. 이것은 마르크스와 엥겔스가 초고 〈2〉, 〈3〉, 〈4〉를 정리하여 발전시키려고 했던 청서 원고입니다. 그러나 안타깝게도 완성을 보지 못하고 끝나버렸지요.

① 우선 필자들은 이 원고를 통해 현실 세계와의 격투가 아니라 헤겔학파 내부의 논쟁이 현실 세계를 좌우한다고 본 청년헤겔

학파에 대해 그 '편협하고 제한적이며 변두리적인' 성격을 폭로하는 것을 과제로 삼았다고 밝히고 있어요.(앞의 책, 16쪽)

그러한 방향이 무엇보다도 포이어바흐로 향했던 것은 포이어바흐가 그들 가운데 '가장 높은 수준의 진보를 이루어낸 유일한 사람'이기 때문이라고 합니다.

② 다음으로 초고 ⟨2⟩에서도 나온 바 있는 문제, 즉 인간 역사의 '현실적인 전제'는 무엇인가 하는 역사의 본래적인 논의를 전개합니다.

여기에서는 첫째 "살아 있는 인간 개인의 존재", 둘째 "생활 수단을 생산함으로써 간접적으로 그들의 물질적인 생활 자체를 생산하는" 것, 셋째 "인간이 그들의 생산 수단을 생산하는 양식"에 대해 거론하고 있는데요. 그러나 '인간 개인 사이의 교통'에 대해 언급하는 도중에 글은 툭하고 중단되어버리지요.(앞의 책, 17~18쪽)

③ 이어서 다시 한 번 청년헤겔학파에 대해 비판을 가해요. 현실과 투쟁하지 않고 의식 세계에서만 투쟁하려고 하는 청년헤겔학파는 보수적인 노장헤겔학파와 아무런 차이도 없다고 말이죠.

"의식을 바꾸라는 이 요구는 현존하는 것을 다른 식으로 해석하라는 요구로, 다시 말해 현존하는 것을 다른 해석에 의해 승인하라는 요구로 귀결한다."(앞의 책, 21쪽)

"이들 철학자들 중 아무도 독일 철학과 독일 현실 사이의 연관에 대해, 독일 철학의 비판과 독일 철학이 물질적 환경과 맺는 연관에 대해 물어볼 생각도 하지 않았다."(앞의 책, 21~22쪽)

그래서 그들은 이러저러한 평론을 내놓지만, 인간이 살아가는 현실을 바꾸고자 맞붙어 싸우는 길로는 나아갈 수 없었다고 하죠.

④ 다음으로 역사의 시대 구분을 시도하고 있는데요. 초고 〈4〉에서 경제사를 정리할 때까지는 아직 독자적인 방법론이 없었지만, 여기에서는 다음과 같은 것을 제시하고 있어요.

"어떤 국민의 생산력이 어느 정도 발전해 있는가를 가장 명료하게 보여주는 척도는 분업의 발전 정도이다."(앞의 책, 22쪽)

"분업의 다양한 발전 단계는 실로 그에 상응하는 수만큼 다양한 소유의 형태로 나타난다. 한마디로 분업이 어느 단계에 올라 있느냐는 노동의 재료, 도구, 생산물과 개인이 맺는 상호관계를 규정한다."(앞의 책, 22~23쪽)

그 다음에는 '부족 소유', '고대적 공동체 소유 및 국가 소유', '봉건적 또는 신분적 소유'라는 역사의 3단계에 대해 기술해요.

다만, 각각의 단계에 대해 구체적으로 역사적인 지식을 서술하는 부분은 지극히 미숙하며, 또한 그 다음으로 기술해야 할 역사의 4단계인 부르주아적 소유에 대해서는—초고 〈4〉의 마지막에 분업의 '단계'를 보여주는 것으로 '토지 소유, 공동체 소유, 봉건적 소유'에 이어 '현대적 소유'라고 쓰고 있습니다.(앞의 책, 105쪽)—이때까지 아무것도 쓰고 있지 않아요. 이것도 역시 도중에 끊겨버린 것이지요.

⑤마지막이 물질적 생활과 정신적 생활의 관계예요.

"의식이란 결코 의식된 존재 이외의 것일 수 없으며, 인간들의 존재는 그들의 현실적인 생활 과정이다."(앞의 책, 27쪽)

사회나 역사에 대한 인간의 '의식'은 의식된 '현실적인 생활 과정' 자체이기 때문에 "현실적인 생활 과정의 이데올로기적 반영과 반향의 발전 또한 현실적인 생활 과정으로부터 알 수 있다."(앞의 책, 같은 곳) 말을 바꾸면, 양자의 관계는 "의식이 생활을 규정하는 것이 아니라 생활이 의식을 규정하는"(앞의 책, 28쪽) 것이 기본이라는 말입니다.

이리하여 역사의 현실로부터 '자립한 철학'을 부정한 마르크스와 엥겔스는 역사의 철학에 남은 것은 "기껏해야 인간들의 역사적 발전에 대한 고찰로부터 추상할 수 있는 일반적인 귀결의 총괄"에 지나지 않는다고 했어요. 그리고 "우리는 여기에서 (……) 이러한 추상물 중에 약간을 취하여 그것들을 역사적 사례를 통해 해명하는 것일 뿐"(앞의 책, 29쪽)이라고 했는데, 여기에서 초고 〈1〉은 끝나고 말아요.

아마도 이다음부터는 초고에서 되풀이하여 시도한 사적유물론의 정식화와 역사적 사실에 의한 그것의 예증이 나올 예정이었 겠지요.

마르크스의 사색 과정을 더듬어보는 재미

「I. 포이어바흐」의 소개는 이로써 겨우 막을 내릴까 해요.

"구구절절한 편지를 다 읽었더니 결국 청서 원고는 제일 중요한 문제를 정리하지 않고 끝나버렸잖아⋯⋯." 이렇게 분통을 터뜨리는 소리가 들려오는 것 같군요.

안타깝게도 그게 현실인걸요. 다만 마르크스는 나중에 다른 원고를 통해 정리를 완수한답니다. 『경제학 비판』의 「서언」(1857년)이 그것이지요. 『독일 이데올로기』를 쓴 지 10년이나 지난 시점이지만, 그것은 실로 간결할 뿐 아니라 『독일 이데올로기』보다 훨씬 알기 쉽게—대체로 초기 마르크스는 헤겔의 용어 등을 독특한 철학적 언어로 갖다 쓴 것이 많아서 후대의 저서와 비교할 때 굉장히 읽기 어렵긴 하지요—사적유물론의 '정식定式'을 제시하고 있답니다. 또 다른 기회에 소개해드리죠.

저는 젊은 시절부터 이렇게 읽기 어려운 『독일 이데올로기』를 몇 번이나 반복해서 읽어왔어요. 하지만 이 책은 이제껏 본 것처럼 대용품이기 때문에 '아, 다 읽었다!'고 실감할 수 없어서 실제로는 언제나 마음에 드는 대목만 소가 풀을 되새김질하듯이 읽곤 했지요.

그럼에도 불구하고 『독일 이데올로기』는 저에게 언제나 독특한 '재미'를 안겨주더군요. 그 재미란, '이것도 아니고 저것도 아니구나……' 하고 고민하면서 앞으로 나아가는 마르크스와 엥겔스의 사색 과정이나 전진을 향한 그들의 강한 충동과 힘을 느낄 수 있다는 점이에요.

학생 시절 읽었던 사적유물론에 대한 입문서 중에는 '이렇게 파악하는 것이 옳다'고 결론만 떡하니 소개하는 것이 많았어요. 그에 비해 『독일 이데올로기』에는 어떻게 해서 그러한 사고방식이 성립해왔는가, 그것은 어떠한 문제의식에서 발단하여 어떤 근거에 의해 정당성을 주장하는가 등등, 논의의 결론에 이르는 여정이 잘 드러나 있어요. 다만 이 책은 정연하게 쓰여 있지 않기 때문에 읽고 풀어내는 노력이 필요하긴 하지만요.

또 하나 저한테 이 책이 매력적이었던 까닭은 우리가 살아가는 현실(인간의 역사나 눈앞에 펼쳐져 있는 자본주의 사회)과 격투를 벌이면서 그것을 전체적으로 파악해내고자 전력투구하는 마르크스와 엥겔스의 자세랄까요, 또는 있는 힘을 다해 현실을 추구하려는 기백이랄까요, 그런 것이 느껴졌기 때문이에요. 겨우 20대 중반일 뿐인 젊은이가 그 시대를 대표하는 철학자들에게 도전장을 내밀면서 '흥, 다들 별 수 없구만……' 하면서 훌쩍 뛰어넘으려고 했던 그 팔팔한 정신 앞에서는 압도당하고 말 것 같아요. 하지만 그런 작업이 그렇게 간단한 것이 아니잖아요. 그래서 논점이 때로는 팍팍 튀어버리기도 하지요. 그러니까 몇 번이나 같은 내용을 쓰고 또 쓰면

서 생각을 밀고 나갔던 것이지요. 이것이야말로 사물을 탐구하고
자 하는 사람의 진정한 자세가 아닐까요. '선생님, 답을 가르쳐주
세요' 하는 것이 아니라, '이 세상 아무도 아직 찾아내지 못한 답을
스스로 찾아 나서야지······' 하는 것이 진정한 의미의 탐구겠지요.
현실과 맞부딪치며 현실 속으로 성큼 들어가는 격투 말이에요. 저
는 그러한 대범한 자세, 문제 앞에서 몇 번이나 좌절해도 굴하지
않는 강인함에 흥분을 느끼는 것입니다.

중요한 것은 세계를 바꾸는 것이다

마르크스는 『독일 이데올로기』를 쓰기 직전에 '포이어바흐에
관한 테제' 라 일컬어지는 11개의 항목을 수첩에 적어두었어요. 그
마지막 테제는 다음과 같아요.

"철학자들은 세계를 다양하게 해석할 뿐이다. 중요한 것은 세
계를 바꾸는 것이다." (앞의 책, 113쪽)

이것은 『독일 이데올로기』가 더욱 구체적으로 이야기하고자
했던 핵심 주제였다고 할 수 있겠지요. 우리가 오늘날의 세계나 각
자 속한 사회와 마주할 때도 이 점은 결코 지나쳐서는 안 되겠습니
다.

이 편지 서두에 쓴 것처럼 『독일 이데올로기』는 1845년 11월
부터 1846년 여름까지 반년에 걸친 작업이었어요. 이 책을 한창 집
필할 때 마르크스와 엥겔스는 자신들이 살고 있던 브뤼셀에서 공

산주의자 통신위원회를 설립해요. 그것은 자신들이 당시 계속 주장하던 공산주의 사상을 보급하기 위한 조직인데요. 이것이 중요한 계기가 되어 1847년 1월에는 런던으로부터 마르크스와 엥겔스 앞으로 정의자동맹에 가입하라는 요청이 와요. 마르크스와 엥겔스는 조직을 재편성하라는 조건을 붙여 거기에 가입하지요. 그래서 그해 6월에는 엥겔스가 런던에서 정의자동맹을 발전적으로 재조직할 것을 의결한 공산주의자 동맹의 제1회 대회에 참가합니다. 『공산당 선언』을 다룬 첫 번째 편지에서 소개했다시피 이것을 통해 마르크스와 엥겔스는 본격적으로 혁명 운동에 참가하게 돼요.

언제나 편지가 길어졌다고 한숨을 쉬는 주제에 이번 편지는 가장 긴 편지라는 기록을 달성했네요. 송구스럽습니다. 이제 정말 끝낼게요.

우치다 선생님, 『일본변경론』에 대한 독자의 호응이 뜨거운 것 같던데요. 기쁜 일입니다. 어제 신문 광고란에 '발매 11일째 10만 부'라는 문구가 춤을 추고 있는 것이 눈에 띄었어요. 앞으로는 그 수가 더욱 늘겠지요.

정말 추위가 성큼 다가오는 계절이 되었어요. 건강 조심하시고, 유쾌한 극락 스키 여행 준비하시길 바랍니다.

우치다가 이시카와에게

이시카와 선생님, 안녕하세요. 『경철수고』에 대한 편지를 받은 지 꽤 시간이 지나버렸어요. 두 사람 다 바빴잖아요. 지난 번 편지는 『일본변경론』의 원고를 완성하여 출판사에 보낸 다음에 썼는데요. 그 책은 의외로('바라던 대로'라고 정직하게 말할까요) 잘 팔리고 있어요. 내 생각에 이 나라에 내 생각에 공감하는 사람이 뜻밖에도 꽤 많다는 것을 알게 되어서 솔직히 기쁘답니다.

『일본변경론』이란 책은 일본인의 국민성이 '변경邊境'이라는 특징을 지닌다는, 그러니까 지리적 위치나 지정학적 위치에 의해 결정되어 있다는 이야기를 하고 있어요. 어쩐지 고리타분한 반시대적 논고인데요.

하지만 일본이 옛날에는 중화中華 황제를 중심으로 한 화이華夷 질서에서 '동이東夷'라는 변경에 위치했고, 지금은 미국 대통령을 중심으로 한 팍스 아메리카나(도대체 어디가 Pax='평화'란 말인지!) 구도에서 서태평양의 전진 기지를 담당하고 있다는 역사적 사실 자체에 대해서는 이론의 여지가 없겠지요.

이 '변경의 백성'이라는 것이 일본인의 사고방식을 결정적으로 뒤틀리게 해놓았다는 것이 내 생각이에요.

물론 이런 지적을 한 사람은 이제까지 수도 없이 많이 있었습니다. 마루야마 마사오[18]의 『일본의 사상』, 우메사오 다다오[19]의 『문명의 생태사관』, 가와시마 다케요시[20]의 『일본인의 법의식』, 도이 다케오[21]의 『'어리광'의 구조』 같은 책들이 이러한 일본인론에 대해 속이 후련할 만큼 명쾌한 분석을 내놓고 있는 만큼, 내가 선현의 업적에 하나 덧보탰다고 해서 대단한 일은 아니겠지요. 하지만 이런 작업은 정기적으로 누군가 하지 않으면 안 된다는 생각에 책을 썼어요.

'이런 작업'이란 한마디로 '액자'의 확인과 같아요. '일본인은 이런 액자 속에 들어 있는 거라구……' 하며 정기적으로 알려주는 것이지요. 이런저런 것이 널려 있는 벽을 바라볼 때 거기에 액자가 있으면, '아하, 저 속에 그려져 있는 것은 그림이겠지? 자연물이 거기에 있을 리 없지……' 하는 인식을 하게 되지요. 그 그림이 아무리 실제와 가까운 그림이나 사진이든, 극사실적인 수법으로 그린 '벽 자체의 그림'이든(때때로 그런 장난을 치는 예술가도 있지만요), 우리는 '이건 그림이야. 이건 자연물이 아니야. 일정한 방식으로 다루어 구성하고 채색한 인공물이지……' 하는 것을 '액자가 실제로 거기에 있다'는 사실에서 추론할 수 있어요. 액자를 갖다 댐으로써 우리는 여기에 있는 것은 아무리 자연스럽게 보여도 만들어 낸 것이라는 것을 알 수 있는 것이지요.

잘 알다시피 유럽의 거리에서 볼 수 있는 가장 훌륭한 건물은 교회와 극장입니다. 아무리 조그마한 마을이라도 교회와 극장만큼 은 보통 집과 비교할 수 없을 만큼 큼직하고, 그리스 양식의 기둥 이나 스테인드글라스로 호화롭게 장식해놓았지요.

요로 다케시[22] 선생에 따르면 그것은 '이 건물 안에서 하는 인 간의 이야기는 현실이 아니'라는 것을 건물 안으로 들어오는 사람 에게 알리기 위한 액자이기 때문이라고 하는군요. 그야말로 탁견 이 아닐 수 없어요.

이렇게 야단스럽게 비일상적인 액자를 갖다 붙여놓으면 우리 는 그것이 '만들어낸 것'임을 금방 알게 되지요. 그 공간에 발을 들 여놓을 때에는 일상생활의 상식이나 신체 감각을 자각 없이 그대 로 적용하는 것을 자제한다는 말이에요.

연극을 현실로 착각한 나머지 무대 위의 악역 배우에게 주먹을 휘두르는 관객이 있다면 곤란하겠지요. 무대 위에서 벌어지는 일 을 이해하기 위해서는 평소에 밥을 먹거나 일하러 가거나 가족과 친구와 이야기할 때의 생활 감각(이라기보다는 무감각)을 적용해서 는 안 되지요. 거기에는 그곳에서만 통하는 해석 규칙이 있고, 그것을 따르지 않으면 벌어지는 일의 의미를 알 수 없어요.

교회도 마찬가지예요. 교회에서 목사나 사제가 하는 말이 '거짓말'이라는 뜻은 아니에요(설마 그럴 리가요……). 그곳에서 그들이 하는 이야기는 일종의 '이야기'라는 말입니다. 사람들이 신이나 족장, 예언자, 메시아에 대한 긴 '이야기'를 경청하고 거기에 감동하고 그 의미를 생각하고, 이윽고 거기에서 끌어낸 식견이나 원칙에 의거하여 자기 자신의 사고나 행동을 조절하게 됨으로써 비로소 그것은 '현실'이 되는 것이니까요. 한 사람 한 사람이 주체적으로 그 '이야기'를 받아들이고 자신의 생활 실천 속에서 그것에 '활력을 부여'하지 않는 한, 신앙은 성립하지 않아요. '이야기'는 '이야기'만으로는 기능하지 않으니까요. '이야기'를 '현실'의 형태로 바꾸어주는 것은 고유명을 가진 우리들 한 사람 한 사람의 해석과 실천이에요. 나는 액자의 기능이 그런 것이라고 생각해요.

자연에 있는 것은 모든 사람에게 평등하게 출현해요. 정직한 사람에게도, 거짓말을 밥 먹듯 하는 사람에게도 비는 공평하게 내리지요. 하지만 '액자 안에 있는 것'은 그렇지 않아요. 그것은 평등하게 주어지지 않지요.

'이봐, 이건 액자라구……' 이런 지시는 그때부터 해야 할 작업—액자 속에 보이는 이야기를 어떻게 받아들일까 하는 작업—을 개인의 책임으로 해내지 않으면 안 되는 일이라는 뜻이에요.

미술관에서 그림을 보는 일을 상상해볼까요? 평범한 벽이 있고 거기에 액자에 넣은 그림이 걸려 있지요. 벽에는 '얼룩'이 묻어 있거나 '금'이 가 있지요. 그것은 벽을 보는 누구에게나 똑같은 의미를 전해줍니다. '얼룩'은 어딘가 빗물이 새어들었다는 뜻이고, '금'은 벽 자재가 낡았다는 것을 뜻하지요. 하지만 액자 안의 그림은 그렇지 않지요. 거기에 그려져 있는 것에는 '만인 공통'의 의미가 없어요. 어떤 사람은 흘긋 본 뒤 아무런 감동도 받지 않고 지나치는가 하면, 어떤 사람은 그 앞에 서서 몸속 깊은 곳에서 전율을 느끼지요. 액자란 '그 안에 있는 것에 대해 한 사람 한 사람이 다른 의미를 길어내시오' 하고 지시해요. 즉 메시지를 해석하라는 지시를요. 그러니까 액자를 어느 곳에 갖다 댈 것인가, 무엇을 액자 안에 넣을 것인가는 상상할 수 없을 정도로 중요한 일이라는 것을 말하고 싶군요.

이야기가 또 길어졌네요. 왜 이렇게 액자에 대한 이야기를 장황하게 늘어놓는가 하면, 『일본변경론』은 일본인의 눈에는 '자연물'로 보이는 풍경에 '액자'를 갖다 대기 위해 쓴 책이기 때문에요. 몇 번이나 말씀드렸지만, '만들어낸 것'은 거짓이고 환상이고 이데올로기니까 '나쁜 것'이라고 말하는 것이 아니에요. '액자 안에 있는 것'에 대해서 우리 한 사람 한 사람이 저마다 값을 치르고 해석하지 않으면 안 된다는 말씀을 드리는 거예요. 그 어떤 '그림'이든 누군가가 어떤 심오한 의도와 절실한 바람을 갖고 긴 세월 동안 제작해낸 것인 이상, 해석할 가치가 있어요. 그러니까 내가 보기에 액자란 사람들을 해석으로 유도하는 장치인 셈이지요.

『독일 이데올로기』는 젖혀두고 딴 얘기만 하고 있으니까 '도대체 마르크스는 어떻게 된 거야?' 하고 조바심을 내는 독자도 있을지 모르겠네요. 하지만 걱정은 붙들어 매두도록 해요. 진작에 마르크스 이야기는 시작되었으니까요.

이제까지 한 이야기 가운데 내가 '만들어낸 것' 이라 부른 것이 바로 '이데올로기' 랍니다. '액자를 갖다 댄다' 는 것은 '이데올로기 비판' 을 가리키고요. 『독일 이데올로기』는 바로 이데올로기 비판에 관한 책이지요.

'이데올로기 비판' 이 '이데올로기를 비판한 책' 이라는 뜻은 아니에요. 그것보다는 '이데올로기를 비판하는 것은 어떤 것인가' 에 대해 쓴 책이라고 생각해요.

솔직히 말해서 21세기 젊은이들한테 이 책에서 마르크스가 비판하고 있는 청년헤겔학파가 어떤 사상을 주장하는가 하는 이야기는 '아무래도 상관없는 일' 이잖아요. 오늘날 청년들 사이에는 사상계를 좌지우지하는 무슨무슨 헤겔학파 같은 것이 없으니까요. 마르크스가 여기에서 비판하는 이데올로기가 어떤 식으로 잘못을 범하고 있는지는 부차적인 중요성밖에 지니지 못한다고 생각해요. 우리가 거기에서 읽어내야 할 것은 마르크스가 동시대의 풍경 속에 널리 퍼져 있던 '마치 자연물인 것처럼 비쳐지고 있는 것', '땅에 녹아들어 보이지 않는 것' 을 구별해서 거기에 '액자를 갖다 대는' 솜씨인 것이죠.

나는 소년 시절에 이 책을 읽고 '이데올로기 비판'이라는 작업이 이 세상에 있을 수 있다는 것을 배웠어요. 그로부터 기나긴 세월이 흘렀지만 그때 마르크스로부터 배운 것은 지금도 내 몸속 깊이 배어 있는 것 같아요.

『독일 이데올로기』의 내용에 관해서는 이시카와 선생님이 꼼꼼하게 설명하고 요약해주었기 때문에 늘 그래온 것처럼 나는 마르크스의 글 중에서 '귀 기울일 만한 곳'을 몇 군데 소개나 할까 해요. 허어, 그런데 그게 꽤 많네요. 『독일 이데올로기』는 마르크스의 잠언으로 가득 찬 보물창고니까요.

일단 쪽수 순서대로 따라가 볼게요.

"그들이 어떤 존재인가 하는 것은 그들의 생산, 즉 그들이 무엇을 생산하고 또 어떻게 생산하는가 하는 것과 일치한다."(『신판 독일 이데올로기』, 31쪽)

사적유물론을 '한마디'로 설명하라고 하면(무리한 주문이지만) 이렇게 말할 수 있어요. 그만큼 유명한 구절이죠.

인간이 어떤 존재인가는 그 사람이 '어떤 존재냐'는 본질적인 조건이 결정하는 것이 아니라 그가 '무엇을 생산하고 어떻게 생산하는가'가 결정한다는 말이에요.

이 테제를 '과연 그렇구나……' 하고 진심으로 이해할 수 있다면, 그런 사람은 고등학생이든 중학생이든 상관없이 마르크스주의자라고 불릴 자격이 있다고 생각해요. 거짓말 하나 안 보태고…….

예를 들어 '근본부터 사악한 인간'이 있다고 쳐봐요. 그런데 이놈이 어쩌다가 '선행'을 했어요(전철에서 할머니에게 자리를 양보했다든가, 뭐……. 이런 일은 엄밀히 말해서 '생산'은 아니지만요). 사적 유물론의 견지에서 말하면 이 사람은 '좋은 사람'이에요. 마르크스는 이 사람이 '사실은 어떤 놈인가' 같은 한쪽으로 치우친 이야기는 아무래도 상관없다고, 그렇게 말하고 있어요. 아무리 근본이 돼먹지 않았다고 해도 선행을 하면 선인이고 아무리 근본이 선량하다고 해도 나쁜 짓을 하면 악인이라는 것이죠.

나는 이 대목을 읽고 속으로 '허억' 하고 가슴이 움찔했던 것을 기억해요.

정직하게 털어놓자면, 나는 고등학생이었을 무렵 스스로를 '근본이 나쁜 인간'이 아닌가 의심하고 있었거든요. 친구들한테 듣기 좋은 소리를 하거나 어깨에 힘을 주고 아는 척하기도 하지만, 실은 소심하고 비열하고 이기적인 인간이라고요. 그게 언젠가 들통 나면 어쩌나, 가슴을 졸이고 있었어요.

그때 마르크스를 읽어보니까 인간은 '어떤 놈인가'가 아니라 '무엇을 하는가'에 의해 결정이 나는 거라고 한마디로 잘라서 이야기를 하잖아요. 실제로 비열하거나 이기적인 행동을 하지 않는 한,

나는 '제대로 된 인간'이라고 목에 힘을 주어 말해도 하등 '신분 사칭'이 되지 않는다고 말이지요. 아아, 다행이다! 마르크스가 보증을 서주었으니까…….

그렇게 안심을 하고 있다가 재미있는 사실을 깨달았어요. 스스로를 선량하고 덕이 있는 인간이라고 생각하는 사람이 오히려 비열하고 이기적인 행위를 하는 데 주저하지 않는다는 것을요. 아무튼 그들은 '본질적으로 선량하고 덕이 있다'고 여기니까 '무엇을 하는가'는 부차적인 중요성밖에 띠지 않아요. 무슨 짓을 해도 그들의 인간적 본질에는 영향을 미치지 않는 것이지요. 그래서 아무리 비열한 짓을 저질러도 '나는 고결한 인간이야……'라는 자기규정은 흔들리지 않아요.

'이것 참 고약하군……'하고 생각했어요. 그때 포이어바흐가 '현실적이고 역사적인 인간' 대신 '인간이라는 것der Mensch'을 논하는 태도에 대해서 마르크스가 비판한 이유를 조금 알 것 같더군요.

'인간이라는 것'을 일단 본질적으로 규정해버리면, 아무리 인간적인 행위를 하든지, 아니면 반대로 비인간적인 행위를 하든지, 그것에 의해 인간의 자기동일성이 흔들리지 않아요. 그렇잖아요? 그는 어쨌든 '인간이라는 것'이니까요.

마르크스는 거꾸로 '현실적이고 역사적인 인간'이야말로 인간의 본바탕이어야 한다고 말해요. '현실적이고 역사적으로' 변변치 못한 일을 한 인간은 '변변치 못한 인간'이라고 말이에요.

나는 이치의 옳고 그름보다도 윤리적으로 마르크스가 우월하다고 생각했어요.

이를테면 독자 여러분의 학급에, 친구가 아무리 경우 바르게 행동하거나 훌륭한 이야기를 해도 '어차피 이기적이고 비열한 동기에서 그런 행동을 하겠지' 하고 삐딱하게 냉소적인 말만 던지는 사람이 있다고 해보죠(분명히 있을 거예요). 그런 사람은 분명 스스로 인간의 '행위'가 아니라 '본질'을 보고 있다고 생각하고 있을 거예요.

하지만 세상에 '그런 사람'만 있다면 어떻게 될까요? 아무리 훌륭한 행위의 배후에도 비열한 동기가 있을 것이며 아무리 올바른 논의에도 사악한 의도가 깔려 있는 법이라고 치부해버리면, 후련하게 정리야 되겠지요. '인간이란 건 말이야, 별 것 아니라구' 하는 말은 분명 일면의 진리를 담고는 있으니까요. 하지만 그런다고 해서 세상이 살기 좋아지는 일은 일어나지 않아요. 절대로! 왜냐하면 무슨 일을 해도 '어차피 얼핏 보기에는 선행 같은 네 행동도 실은 저급한 이기적인 동기에서 행해지고 있겠지' 하고 일일이 듣기 싫은 소리를 해대면, 그러는 사이에 그 누구도 '선행 같은 행동'을 하려고 들지 않을 테니까요. 아무도 할머니에게 자리를 양보하지 않고, 길에 떨어진 빈 깡통도 줍지 않고, '왕따 당하는 아이'를 감싸 주려고 하지 않겠지요. 나로서는 누구도 '좋은 일'을 하지 않으려는 사회가 살기 좋은 사회라고는 생각할 수 없군요. 절대로!

그보다는 소수라고 해도, 또는 아무리 소소한 일이라도 '좋은 일'을 하는 사람이 있는 사회가 좋아요. 비록 '좋은 일을 하는 사람'이 '본질적으로 사악한 인간'이라고 해도 난 신경 쓰지 않겠어요.

멜 깁슨이 나온 〈페이 백Pay Back〉이라는 영화가 있어요. 좀 오래전에 나온 것이라 젊은이들은 아마 못 봤겠죠. 리처드 스타크Richard Stark가 쓴 『악당 파커』라는 피카레스크 소설(악한 소설)[23](이런 장르가 있어요)을 영화화한 것인데요. 내가 꼽는 '흘러간 영화 베스트 20' 안에 드는 영화랍니다. 그 작품에는 주인공 멜 깁슨이 마피아한테 붙잡혀서 고문을 당하는 장면이 있어요. 마피아들은 모두 멜 깁슨이 몸서리치는 것을 보고 마음속 깊이 화를 내며 불끈하지요. 그중에서 최고 간부인 제임스 코번만이 붙잡힌 멜 깁슨에 대해 '어쩐지 가엾다'는 표정을 짓고 있어요. 얼른 실토를 해버리면 고문을 받지 않아도 될 테니까 보스가 오기 전에 비밀을 털어놓으라고 열심히 설득해요. 하지만 멜 깁슨은 완고하게 입을 열지 않지요. 그러는 동안 보스가 와서 잔인한 고문을 시작하고, 제임스 코번은 허공을 바라보며 눈을 감아요.

거기에 있는 놈들은 마피아와 한 패거리니까 '인간'으로서는 하나같이 나쁜 놈들이죠. 그 점에서는 조금도 다를 바가 없어요. 하지만 '현실적이고 역사적'으로 드러나는 모습에는 미묘한 차이가 있어요. 제임스 코번마저도 "죽일 때는 아프지 않게 해줄 테니까……" 하는 말밖에는 못하는 정도지만, 그래도 "기절하면 링거라도 놓아서 죽을 때까지 일초라도 더 괴로워하게 해주지" 하는 독살스러운 보스에 비하면 상당히 인간적이라고 나는 생각했어요. '어차피 죽는 마당에 그게 무슨 의미가 있는데?' 하고 반문하는 사람도 있을지 모르겠지만요. 그런 말이나 하는 수준에 머무르면 마르크스는 이해할 수 없어요.

아, 또 논점에서 벗어나버렸네요. 이런 식으로 이야기하다 보면 해가 서쪽으로 떨어지겠어요. 다음 구절로 넘어갈게요.

"인간들이 이야기하는 것, 상상하는 것, 표상하는 것에서 출발하여, 또한 이야기하고 사유하고 상상하고 표상하는 대상이 되는 인간들로부터 출발하여, 거기에서 생겨난 진정한 인간들로 거슬러 올라가는 것이 아니다. 현실적으로 활동하는 인간들을 출발점으로 삼아, 또 그들의 현실적인 생활 과정으로부터 이 생활 과정의 이데올로기적 반영과 반향이 어떻게 발전하는지도 해명할 수 있는 것이다."(앞의 책, 42쪽)

"인간들이 이야기하는 것, 상상하는 것, 표상하는 것"을 바꾸어 말하면 '머릿속의 사건'을 가리켜요. 이것에 비해 '살아 있는 진짜'라든가 '현실적으로 활동하는', '생활 과정'이라는 말은 '신체적인 사건'을 의미하지요. 마르크스가 여기에서 대비시키고 있는 것은 극단적으로 말해 '머릿속'과 '신체'입니다.

이데올로기란 특히 '머릿속에서 벌어지는' 현상이에요. 이를테면 '세계 동시 혁명'이라든가 '모든 사악한 것의 근원'이라든가 '만인의 영적 구제'라는 것은 머리가 생각해낸 것이에요. 머리로만 생각해낼 수 있어요. 그것은 물론 틀리지 않습니다. 즉 논리적으로는 오류가 없지요. 하지만 살아 있는 인간에게 그것을 완수하는 일은 불가능해요.

예를 들어 '모든 사악한 것을 근절하기' 위해서는 이단 심문과 강제수용소와 대량 학살 장치가 필요해요. 반드시 필요하죠. 역사를 되돌아보면, 한꺼번에 전 사회적으로 '좋은 것'을 실현하고자하는 프로젝트 가운데 그것에 견줄 제도를 갖추지 못했던 적은 없었어요. 다만 '사악한 것의 근절'이라는 목적 자체는 시비 걸 수 없을 만큼 훌륭하지만, 그 목적을 실현하기 위해 실제로 작용하는 것은 '시비 걸 곳투성이'인 살아 있는 인간이지요.

마르크스의 이데올로기 비판을 요약하면, '인간들이 이야기하는 것, 상상하는 것, 표상하는 것'이 적절한가 아닌가는 '현실적으로 활동하는 인간들'에 따라 '그들의 현실적인 생활 과정으로부터' 검증해야 한다는 사고방식이라고 할 수 있어요.

'현실적으로 활동하는 인간들'은 살아 있는 몸을 가지고 있어요. 고유한 생리 과정도 피할 수 없고 욕망도 있으며 허약하기도 해요. 아무리 이데올로기가 '그렇게 하라'고 명령해도, 아무리 그 지시대로 따르고 싶어도, 살아 있는 인간인 이상 하루에 몇 시간은 잠을 자야 하고 밥도 먹어야 하고 목욕도 해야 하는 법이죠. 어느

한도를 넘어서 무리하면 몸이 상하고 상처를 입으면 피가 나고 어딘가 지나친 부하가 걸리면 뼈가 부러질 뿐 아니라 언젠가 수명이 다하는 것을 멈출 수 있는 사람은 아무도 없어요.

머릿속으로 아무리 훌륭한 일을 생각해도 몸은 머리를 따라가지 못해요. '살아 있는 몸이 허락하는 범위 안에서 가장 좋은 것'을 뽑아내서 '할 수 있는 것부터 차근차근' 할 수밖에 없다. 마르크스는 이렇게 생각한 것이 아닐까요?(이렇게 말하면 이시카와 선생이 손사래를 치며 그게 아니라고 하실 것 같지만요)

그럼 다음 이야기로 넘어갈게요.

"의식이 생활을 규정하는 것이 아니라 생활이 의식을 규정한다."(앞의 책, 42쪽)

멋진 말 아닌가요? 'A는 B가 아니라 B가 A다'라는 수사법은 마르크스의 십팔번이었어요. 논리학적으로는 무리를 범하는 일도 가끔 있었다고 생각하지만, 마르크스는 이런 수사를 애용했어요. 마치 입버릇인 것처럼 말이죠. 아마도 이런 표현이 '자연물처럼 보이는 조작물'의 정체를 폭로하는 데 지극히 효과적인 방법이라는 것을 마르크스가 경험적으로 알고 있었기 때문이 아닐까 싶어요.

이러한 수사법은 다른 웅변가들도 자주 활용했어요. 예를 들어 미합중국 35대 대통령인 존 F. 케네디의 취임 연설 가운데 아직도 인구에 회자되는 유명한 문구가 있지요.

"조국이 그대에게 무엇을 해줄까 바랄 것이 아니라 그대가 조국을 위해 무엇을 할 것인지 생각해야 한다.”

『나만의 유대문화론』이라는 책을 끝맺을 때 나도 이런 식으로 쓴 적이 있어요.

“유대인이 예외적으로 지성적인 것이 아니라 유대인의 표준적인 사고 경향을 우리가 인습적으로 ‘지성적’이라고 부르고 있을 뿐이다.”(『나만의 유대문화론』, 182쪽)

이 문장을 썼을 때 스스로 얼마나 마르크스의 표현법과 사고방식으로부터 영향을 받았는지 사무치게 느꼈던 것을 아직도 기억한답니다.

그럼, 이제 진짜 끝을 맺기로 할게요. 해도 해도 너무할 정도로 분량을 초과해버렸으니까요.

“공산주의 사회에서 각자는 그런 까닭에 고정된 어떤 활동 범위에 갇히지 않고, 어디라도 좋아하는 분야에서 자신의 기량을 갈고 닦을 수 있도록 사회가 생산 전반을 통제하고 있다. 그렇기 때문에 자기가 하고 싶은 대로 오늘은 이것, 내일은 저것을 하며, 아침에는 사냥하고 낮에는 낚시하며, 저녁에는 가축을 돌보며, 저녁밥을 먹은 뒤에는 비평하는 것이 가능해진다. 게다가 반드시 사냥꾼, 어부, 목동, 비평가가 되지 않아도 좋은 것이다.”(『신판 독일 이데올로기』, 67~68쪽)

분업에 의해 인간이 ‘어떤 특정한 범위에만 머무르는 것’을 강요받고, 특정한 직업에 속박당할 때, 그 노동은 ‘그에게 소원하고 적대하는 힘'이 된다. 마르크스는 이런 표현을 동원하여 분업을 비판했어요. 동시에 사냥꾼이자 어부이자 목동이자 비평가(이것은 이데올로기를 비판하는 사람, 즉 내가 앞에서 한 이야기에 따르면 '액자를 대는 사람'=지식인을 가리킵니다)이기도 한 인간을 이상으로 삼은 대목은 아마도 내가 『독일 이데올로기』에서 가장 감동 받은 부분이 아닐까 해요.

이 대목에 엄청나게 영향을 받아서 마오쩌둥은 힘들고 고된 연안 장정 시기에 홍군 병사[24]들을 향해 동시에 군인이자 농부이자 기술자이자 정치사상가이자 교사가 되라고 요구했겠지요. 그는 '공工 · 농農 · 상商 · 학學 · 병兵'이 한 사람 안에 통합되어 있는 모습을 인간의 이상이라고 생각했으니까요(그의 사상은 이후 '인민공사'[25] 구상으로 이어집니다). 여기에는 물론 '나는 ~의 전문가니까' 같은 구실을 내세워 '전문 분야 이외의 일은 하지 않아도' 된다고 하는, 인적 · 물적 자원이 부족한 게릴라전에서 싸워낼 수 없다는 현실적인 이유도 있었겠지만, 나는 마르크스가 이야기한 위의 문장 속에 마오쩌둥이 생각한 어떤 종류의 인간적 이상이 표현되어 있었다고 봅니다.

나 자신은 '아저씨'이기도 하고 '아줌마'이기도 하며 '소년'이면서 '소녀'일 수도 있는 인간의 다양성을 시민적 성숙을 가늠하는 하나의 기준으로 간주하고 있어요. 지금 생각해보면 이런 요상한 시민론도 마르크스의 위 문장에서 영향을 받지 않았으면 나오지 않았으리라고 생각해요.

　그래서 마르크스의 이 문장을 독자들이 읽을 때는 '분업 없는 사회' 같은 대단히 고상한 정치적 비전으로 읽을 필요는 없을 것 같아요. 오히려 '좋아하는 것을 당당하게 해나가면 된다고……', '한 직종에 매이지 않는 쪽이 더 좋아……' 이런 식으로 직업 선택에 관한 '현자의 말'로 읽어도 전혀 상관이 없다고 봐요. 왜냐하면 그런 가르침이야말로 40년 넘게 해온 나의 '선생' 경험으로 보더라도 백 퍼센트 공감이 가거든요.

　주저리주저리 쓰다 보니 예정된 지면을 다 써버리고 말았네요. 마르크스에 대해서는 아직 쓸 말이 산처럼 쌓여 있는데 말이죠. 우선 '제1권'은 이것으로 끝내기로 하고 다음 편을 준비하기로 할게요. 그럼 이만.

나오는 말

              이 책을 다 읽은 소감이 어떤가요? 젊은 마르크스가 생각했던 것, 도전했던 것을 조금은 가슴 두근거리며 읽었나요? 뭐라고요? 어려운 대목도 있었다고요. 아, 미안 미안. 하지만 노력도 조금은 필요한 법이죠. 상대가 다름 아닌 마르크스니까요. 될수록 알기 쉽게 전하려고 노력은 했지만, 원체 쪼끔 들여다본다고 금방 이해할 수 있는 상대는 아니니까요.

    하지만 이 책을 읽고 '마르크스에게는 내 지성을 단련해줄 무언가가 있는 것 같구나' 하는 예감이 스친다면 나로서는 아주 기쁜 일입니다. 나도 학생 시절에 그런 직감이 들어 마르크스를 읽기 시작했거든요.

    '지성을 단련하는' 일은 물론 마르크스를 달달 외우거나 옳다고 믿는 것이 아니에요. 마르크스는 도대체 현실 세계—그것은 지금 우리들이 살아가고 있는 자본주의 사회의 초기 단계였어요—의 어디를 보고 무엇을 찾아내려고 했을까? 성장하고 변화해가는 마르크스의 언어를 따라가면서 그 점을 곰곰이 생각해보고, 그 결과 마르크스가 도달한 지점에 대해 어느 정도 감이 잡히면 그것이 진정 옳은 것이었는가를 자신의 머리로 판단해가는 일. 그런 훈련을 해나가기 위해서 마르크스를 재료로 활용하는 것이 바로 '지성의 단련'이겠지요.

마르크스는 그러한 격투의 대상으로 안성맞춤이라 할 수 있습니다. 어찌 된 일인지 마르크스한테는 '벼락치기'가 통하지 않아요. 그러니까 건성으로 우물거리면 씹히지 않고, 입에 넣어 계속 씹어야 깊은 맛이 나는, 통째로 삼킬 수 없는 '마른 오징어' 같은 질긴 성질이 있다니까요.

상대가 마르크스든 아니든, 글을 읽을 때는 거기에 쓰여 있는 내용을 수동적으로 그냥 받아들이기만 해서는 두뇌를 단련시킬 수 없어요. '모든 것을 의심하라'고 말한 마르크스 자신이야말로 항상 그런 자세로 비판적인 정신을 가지고 선배 사상가들의 지적 성과와 씨름하고자 한 사람이었어요.

한편, 이 책을 훑어봤다면 느꼈을 테지만, 마르크스는 글을 쓰면 쓸수록 그 내용이 확확 변해가는 사람이기도 했습니다.

더구나 그렇게 내용이 변화하고 탐구의 깊이가 심화되어갈수록 더욱 사안을 정교하고 치밀하게 파악할 뿐 아니라 이전의 사고 방식을 과감하게 전환시키기도 하고, 과거에 도달한 지점을 가차

없이 내던져버리는 일도 심심치 않게 벌어졌어요. 마르크스는 언제나 그러한 진화를 거듭하는 사람이었지요. 사태가 이렇다면 누구라도 마르크스의 저작 전부를 '믿는' 일 따위는 가능하지 않겠지요? 왜냐하면 40세의 마르크스를 50세의 마르크스가 부정하고 있는데, 도대체 누가 마르크스를 믿는다는 말을 어떻게 할 수 있을까? 이런 문제에 금방 직면할 테니까요.

마찬가지로 그 문제는 '그럼, 마르크스주의자는 어떤 사람이지?' 하는 질문으로 이어질 것입니다. 후후훗……

이 책에서 다룬 마르크스는 여러 번 언급했듯이 아주 젊고 변화가 심한 시기의 마르크스입니다. 『공산당 선언』을 완성했을 때, 마르크스는 아직 스물아홉 살밖에 안 된 젊은이였어요. 『공산당 선언』은 역사에 커다란 충격을 던져준 빛나는 책이지만, 그럼에도 마흔 살, 쉰 살 먹은 마르크스가 보기에는 '웬만큼 해내기는 했지만 아직 멀었군' 하고 평가할 수밖에 없는 글이지요. 그러니까 마르크스를 읽을 때는 언제나 지금 읽고 있는 마르크스가 지적으로 어느 단계에 위치한 마르크스인가를 염두에 둘 필요가 있습니다.

참고하라고 이 책에서 다룬 저작, 또 앞으로 다룰 저작을 마르크스의 나이와 함께 알려드릴게요.

「헤겔 법철학 비판 서문」·『유대인 문제』: 25세
『경제학-철학 수고』: 26세

『독일 이데올로기』: 28세

『공산당 선언』: 29세

『프랑스의 계급투쟁』: 32세

『루이 보나파르트의 브뤼메르 18일』: 33세

『임금, 가격, 이윤』: 47세

『자본론』 제1권: 48세

『프랑스 내전』: 53세

(이 밖에도 엥겔스의 『공상에서 과학으로』와 『포이어바흐론』을 다룰 예정이랍니다.)

다시 말해 마르크스는 이 책에서 소개한 지적 도달점에서 크게 변해가고 있어요. 그 변화 양상에 대해서는 2권 이후를 기대해주세요. 아, 2권이 언제 나오느냐고요? 글쎄요…….

그때까지 다시 한 번 이 책을 정독해보면서 젊은 시절 마르크스의 사상과 사회 개혁을 향한 정열, 그 무엇도 두려워하지 않는 도전 정신, 그리고 자신이 이룩한 도달점에 한순간도 안주(고집)하는 일 없이 앞으로 나아가고자 한 활력―그런 점을 재차 마른오징어를 씹듯이 음미해보면 어떨까요? 그런 작업이야말로 지성의 단련은 말할 것도 없고, 인생에 소중한 에너지를 불어넣어 줄 테니까요.

그럼 2권에서 만나요.

이시카와 야스히로

옮긴이의 말

　　　　　　　　카를 마르크스라는 이름을 듣고 그 정
체를 어렴풋이 눈치 채기 시작한 것은 대학 1학년 겨울방학 때였
다. '사과탄'의 노란 연기와 흉흉한 분위기로 대학 캠퍼스에 품었
던 환상이 완전히 깨져버린 무렵, 나는 짧은 정보에 의지해 '제3세
계'니 '민중'이니 '변혁' 같은 말이 들어간 제목의 책을 더듬더듬
읽기 시작했다. 그때만 해도 청바지에 가죽장갑을 끼고 감시의 눈
초리를 번득이던 사복경찰이 도서관에 상주하고 있을 때였는데,
떡하니 '위험한' 책을 펼쳐놓고 독서에 열중하곤 했다. 정말이지
뭘 모르는 철부지였다. 물론 얼마 안 가 새로운 앎과 더불어 그런
책은 절대 들키지 않게 읽어야 한다는 공포도 학습했다.

　　1980년대 초 당시에는 마르크스의 저작을 직접 읽기보다는 마
르크스주의 관련 서적을 읽었다. 일본에서 출간된 책도 많았기 때
문에 그런 책을 읽으려고 일본어 문장의 강독법을 배우기도 했다.

1987년 민주화 운동을 거치면서는 마르크스, 엥겔스, 레닌 등의 책도 한글 번역본으로 읽을 수 있게 되었다. '불온한' 출판사와 책방이 곤욕을 치러준 덕분이었다. 대학원 시절에는 주로 식민지 시대 프롤레타리아 문학에 관한 자료를 읽고 마르크스주의 미학과 철학을 공부하는 세미나에 열중했다. 무려 세 학기 동안 김수행 교수의 〈자본론 강의〉를 꼬박꼬박 청강하기도 했다. 그즈음 베를린 장벽이 무너지면서 여기저기에서 마르크스주의를 둘러싼 전향이 성행했다. 시대정신의 패러다임도 급변했다. 마르크스를 다시 읽기도 하고 새로운 사상적 흐름을 엿보기도 했지만, 결국 학위 논문으로는 남로당과 좌익 계열 중심의 해방 직후 소설 연구를 제출했다. 이렇듯 개인적 기억을 더듬어보더라도 마르크스와는 결코 가벼운 인연이 아닌 듯싶다. 그러고 보니 첫 번역서도 『마르크스 그 가능성의 중심』이다. 절묘한 우연이다.

나는 젊은 시절 마르크스주의의 세례를 받은 세대에 속한다. 오랫동안 마르크스주의를 기반으로 하는 역사학, 미학, 철학, 사회학 책을 두루 읽어왔고, 앞으로도 계속 읽을 것이다. 지금 대학에 다니는 젊은이들과는 상당히 동떨어진 체험일지도 모르겠다. 비록 얼치기 공부였지만, 마르크스주의에 호기심을 갖고 알고 싶어 했던 일, 그리고 마르크스의 저작을 읽어본답시고 젊은 날의 시간과 노력을 들인 일이 나의 삶이나 사고방식에 말할 수 없이 지대한 영향을 미쳤다는 것을 잘 알고 있다. 적어도 내 경험에 비추어본다면, 마르크스를 읽는 것이 지적 훈련에 막대한 도움이 된다는 저자들의 의견에 백배 공감하지 않을 수 없다. 이것만으로도 마르크스는 내게 특별하고도 소중한 인물이다. 마르크스와 접했기 때문에 그나마 이 사회를 보는 눈과 비판의식을 기를 수 있었고, 혁명과 이상의 꿈을 품을 수 있었다.

나는 마르크스를 깊이 알지 못한다. 마르크스의 저작이나 사상에 관해 대단한 지식이나 이해를 갖춘 사람이 못 된다. 그런데 바로 그런 사람이 바로 이 책이 '옳다구나!' 하고 노리는 독자다. 먼저 이 책을 읽은 독자의 한 사람으로서 마르크스라는 이름 정도만 알고 있어도 충분히 이 책을 즐겁게 훑어볼 수 있다고 얘기해주고 싶다. 다만, 이 자본주의 사회에서 오로지 승자가 되기만을 갈망하는 사람에게는 '청년들이여, 마르크스를 읽고 진지하게 생각 좀 해봅시다' 하고 외치는 저자들의 호소가 흥미를 못 끌지도 모르겠다. 그러나 오늘날 세계가 안고 있는 문제를 알고자 하고 그 변화를 모색하는 사람이라면, 나아가 세계를 인식하기 위한 지적 훈련뿐 아니라 혁명을 위한 윤리적 모색까지 추구하는 사람이라면, '마르크스를 읽자'는 저자들의 호소에 꼭(!) 귀를 기울여야 한다고 생각한다.

2011년 11월,
김경원

이 책에 나오는 마르크스의 저작

　　이 책에서는 마르크스의 다섯 저작을 다루고 있는데, 거기에 해당하는 일본어판은 다음과 같다. 인용된 일본어판은 통일하지 않고 각 저자가 선정한 것을 그대로 사용했다. 독자의 편의를 위해 아래에 그 서지를 소개해둔다.

이시카와가 인용한 일본어판

* 공산당 선언:

『共産黨宣言　共産主義の諸原理』(服部文男譯 · 解說, 新日本出版社,「科學的社會主義の古典選書」).

* 유대인 문제:

『マルクス＝エンゲルス全集　第一卷』(大月書店. 이 전집은 현재 CD-ROM판만 판매).

* 헤겔 법철학 비판 서문(위와 같음).

* 경제학–철학 수고:

『マルクス　パリ手稿　經濟學 · 哲學 · 社會主義』(山中隆次譯, 御茶の水書房).

* 독일 이데올로기:

『(新譯) ドイツ・イデオロギー』(服部文男監譯, 新日本出版社, 「科學的
社會主義の古典選書」).

우치다가 인용한 일본어판

* 공산당 선언:

『共産黨宣言』(大內兵衛・向坂逸郞譯, 岩波文庫. 1951년 초판본).

* 유대인 문제:

『ユダヤ問題によせて ヘーゲル法哲學批判序說』(城塚登譯, 岩波文庫).

* 헤겔 법철학 비판 서문(위와 같음).

* 경제학-철학 수고:

『マルクスコレクション I』(中山隆元他譯, 筑摩書房).

* 독일 이데올로기:

『新版 ドイツ・イデオロギー』(花崎皋平譯, 合同出版).

"공산주의자는 이제까지의 모든 사회 질서를 강제력으로 전복
함으로써만 자신들의 목적을 달성할 수 있다는 것을 공공연하게
선언한다. 지배 계급들로 하여금 공산주의 혁명 앞에서 전율하게
하라. 프롤레타리아들은 혁명에서 족쇄 말고는 잃을 것이 아무것
도 없다. 그들은 세계를 획득하지 않으면 안 된다.

만국의 프롤레타리아여, 단결하라!"

(岩波文庫, 『공산당 선언』 최신판)

국내 마르크스 관련 저작

마르크스 · 엥겔스 공저

『공산당 선언』, 강유원 옮김, 이론과실천, 2008년.

『공산당선언』, 서석연 옮김, 범우사, 1989년.

『공산당선언』, 이진우 옮김, 책세상, 2002년.

『공산주의 선언』, 김태호 옮김, 박종철출판사, 1998년.

『독일 이데올로기 I』, 박재희 옮김, 청년사, 2007년.

『칼 맑스 프리드리히엥겔스 저작선집 1~6』, 박종철출판사 편집부
　　엮음, 김세균 감수, 박종철출판사, 1997년.

마르크스 저서

『경제학–철학 수고』, 강유원 옮김, 이론과실천, 2006년.

『데모크리토스와 에피쿠로스 자연철학의 차이』, 고병권 옮김, 그린
　　비, 2001년.

『알제리에서의 편지: 마르크스 최후의 서한집』, 정준성 옮김, 빛나
　　는전망, 2011년.

『임금 노동과 자본』, 김태호 옮김, 박종철출판사, 1999년.

『자본』, 강신준 옮김, 길, 2008년.

『자본론: 정치경제학 비판』, 김수행 옮김, 비봉출판사, 2005년.

『정치경제학 비판요강』, 김호균 옮김, 그린비, 2007년.

『프랑스 내전』, 안효상 옮김, 박종철출판사, 2003년.

『헤겔 법철학 비판』, 강유원 옮김, 이론과실천, 2011년.

마르크스 관련 저서

『데이비드 하비의 맑스 자본 강의』, 데이비드 하비 지음, 강신준 옮김, 창비, 2011년.

『마르크스의 자본론』, 벤 파인 · 알프레도 새드-필호 지음, 박관석 옮김, 책갈피, 2006년.

『마르크스 평전』, 자크 아탈리 지음, 이효숙 옮김, 예담, 2006년.

『마르크스 평전』, 프랜시스 윈 지음, 정영목 옮김, 푸른숲, 2001년.

『맑스주의의 향연』, 마샬 버먼 지음, 문명식 옮김, 이후, 2001년.

『에리히 프롬, 마르크스를 말하다』, 에리히 프롬 지음, 최재봉 옮김, 에코의서재, 2007년.

『원숭이도 이해하는 마르크스 철학』, 임승수 지음, 시대의창, 2010년.

『HI(하이) 마르크스 BYE(바이) 자본주의』, 강상구 지음, 손문상 그림, 레디앙, 2009년.

편지 교환 날짜

마르크스 수사학의 결정체, 『공산당 선언』
편지 1: 이시카와가 우치다에게-2009년 1월 19일
편지 2: 우치다가 이시카와에게-2009년 2월 7일

청년 마르크스를 만나다,
『유대인 문제』·「헤겔 법철학 비판 서문」
편지 3: 이시카와가 우치다에게-2009년 2월 23일
편지 4: 우치다가 이시카와에게-2009년 4월 12일

인간에 대한 연민, 그 위대한 시작, 『경제학-철학 수고』
편지 5: 이시카와가 우치다에게-2009년 7월 8일
편지 6: 우치다가 이시카와에게-2009년 9월 11일

'마르크스주의'란 무엇인가, 『독일 이데올로기』
편지 7: 이시카와가 우치다에게-2009년 11월 30일
편지 8: 우치다가 이시카와에게-2010년 3월 25일

옮긴이 주

1. 야구에서 이제까지 던진 투수를 대신하여 새 투수가 공을 던지는 일.
2. 1906~1995. 리투아니아 출신의 프랑스 철학자. 후설의 현상학과 유대교의 전통을 바탕으로 서구 철학의 전통적인 존재론을 비판하여 현대 문명의 전체주의적 속성을 극복할 수 있는 새로운 윤리학의 기초를 제시하고자 했다. 세계의 도덕성을 끊임없이 탐색한 철학자로서 타자에 대한 윤리적 책임을 강조하는 윤리론을 발전시켰다. 주요 저작으로『전체성과 무한성』『시간과 타자』『윤리학과 무한』등이 있다.
3. 에도 시대 초기부터 금과 은을 생산하여 막부가 직접 관할했다. 1869년 이후에 관영화되었다가, 1896년에 민영화를 거쳐 1989년 폐광되었다.
4. 1802~1880. 청년헤겔학파로 활동했고 마르크스와 파리에서 《독불연감》을 발행했다. 1825~1830년에는 옥중에 있었으나 1848년 이후 영국으로 망명했고, 1866~1870년 이후에는 비스마르크파가 되었다.
5. 1775~1854. 칸트, 피히테, 헤겔을 잇는 독일 관념론의 대표자로 이성과 체계를 깨뜨리는 실존 철학의 길을 열었다. 주요 저서로『선험적 관념론의 체계』『인간적 자유의 본질에 관한 철학적 고찰』등이 있다.
6. 1809~1882. 독일의 신학자, 철학자, 역사가로서『무신론자이자 반反그리스도자인 헤겔에 대한 최후의 심판의 나팔』『종교와 예술에 관한 헤겔의 학설』등을 저술했다.
7. 무슨 일이 일어난 다음에 그 원인을 언급하는 것. 사전에는 예상하지 못한 일을 사후에는 필연적인 것처럼 판단하는 심리적 왜곡의 하나이다.
8. 자기책임론. 2004년에 이라크에 자원봉사를 하러 간 일본인의 인질 사건 이후 유행하기 시작한 말인데, 전쟁터처럼 위험한 곳에 자진해서 간 사람은 어떤 사태가 벌어지든 그 책임을 본인이 져야 한다는 뜻이다. 그 후 일본 사회에서 이 말은 다른 사람에게 폐를 끼치지 말고 자기 문제는 스스로 해결하라는 논리로 확산되어 빈곤이나 실업 같은 사회적 문제마저 개인의 책임으로

돌리는 분위기를 표현하고 있다.

9. niche. 수익 가능성이 높은 특정한 시장 분야. 이른바 시장의 '구멍'.

10. 1925~1998. 캄보디아의 정치가. 1975년 공산당 서기장으로 중국을 방문한 뒤 중국의 지원을 받아 민주캄보디아의 총리가 되었다. 그러나 친베트남군이 프놈펜을 함락하자 해임되어 게릴라군 최고위원회 의장 겸 총사령관을 지냈다. 집권 기간 중 지주, 자본주의자 및 반대파 200만 명을 숙청했고, 그의 강제 이주 정책과 노동 정책, 흉년, 기근 등 질병으로 다수의 국민이 아사했다.

11. 지방 자치체의 집행기관으로서 일반 사무 및 국가 등의 위임 사무를 관리·집행하는 특별직 지방 공무원. 주민이 직접 선거로 뽑으며, 임기는 4년이다.

12. 1878~1945. 소련의 철학자, 사회과학자. 젊은 시절 혁명 운동에 투신하여 1904년 볼셰비키 당원이 되었다. 10월 혁명 이후 중앙문서보관국 차관, 레닌 연구소 간부회원, 마르크스-엥겔스-레닌 연구소장을 역임했다.

13. 1767~1832. 프랑스의 경제학자로서 애덤 스미스의 학설을 프랑스에 도입하여 3생산요소론, 판로설을 주창했다.

14. 전학공투회의를 가리키는 말. 1968~1969년 대학 분쟁 때 각 대학에서 결성한 신좌익 혹은 무당파 학생 조직을 가리킨다. 1960년대 중반 이후 전학련(전일본학생자치회총연합)은 각 파로 분열하여 각 대학 자치회-전학련이라는 학생 운동의 결집 형태는 힘을 잃어버렸다. 그런데, 대학의 대중화에 대응하지 못하는 구태의연한 대학 체제를 비롯하여 학생의 관리 강화와 학비의 만성적인 인상 등으로 학생들의 불만이 폭발 직전에 이르렀다. 때마침 국외적으로 프랑스의 5월 혁명 등 세계적인 학생 반란의 동향이나 중국의 문화대혁명 등의 영향과, 국내적으로 일본 내 베트남 반전 운동의 고양으로, 1968~1969년 무당파 학생이나 정치 활동에 비교적 관심이 적은 학생까지 다수 집결했다. 그 결과, 한창 때는 전국 165개 대학이 분쟁 상태에 놓였고, 70개 대학이 바리케이드로 봉쇄되었다. 이때 투쟁의 핵심 역할을 한 것이 바로 전공투였다. 이들은 자치회 등 기존의 운동 조직이나 당파의 지도를 받지 않고 학과, 동아리 등을 단위로 한 자발적인 투쟁 조직의 연합 방식을 취했다.

15. 1950~1954년 미국을 휩쓴 반反공산주의 선풍. 제2차 세계대전 후 중국의 공

산화, 한국의 6·25 전쟁 발발에 따른 냉전 체제 속에서 미국인의 광범한 지지를 받았다.

16. 스키 손님 운송을 위해 일본 전국에서 운영하는 임시 열차의 총칭.

17. JR니시니혼(서일본여객철도West Japan Railway) 특급 열차의 하나.

18. 1914~1996. 일본의 정치학자로서 정치사상사의 권위자다. 도쿄제국대학 법학부를 졸업한 그는 패전 후 일본의 초국가주의ultra nationalism를 맹렬하게 비판하고, 일본 제국주의를 심층적으로 분석했다. 『일본정치사상사 연구』 『전중과 전후 사이』 『현대정치의 사상과 행동』 등의 저서를 남겼다.

19. 1920~2010. 일본의 민족학자, 생태학자로 독특한 문명론을 펼쳤다. 교토대학 과학부를 졸업한 뒤 교토대학 인문과학연구소 교수를 거쳐 국립민족학 박물관 명예교수를 지냈다. 『일본이란 무엇인가』 『정보의 문명학』 『지식생산의 기술』 『지구시대의 문명학』 등의 저서를 남겼다.

20. 1909~1992. 일본의 법학자, 변호사로 도쿄제국대학 교수를 역임했다. 마루야마 마사오 등과 함께 전후 민주주의, 계몽주의를 대표하는 논자다. 저서로 『과학으로서의 법률학』 등이 있다.

21. 1920~2009. 일본의 정신과 의사, 정신분석가로서 도쿄대학 명예교수를 지냈다. 『'어리광'의 구조』는 대표적인 일본인론으로 유명하며, 해외 각국에서도 번역되었다.

22. 1937~. 일본의 해부학자. 마음이나 사회 현상을 뇌과학, 해부학을 비롯한 의학과 생물학 영역의 지식으로 해설한 저작이 많다. 저서에 『몸의 관점』 『바보의 벽』 등이 있다.

23. 16세기 중엽부터 17세기에 이르기까지 에스파냐에서 유행한 소설 양식으로, 악한인 주인공의 행동과 범행을 중심으로 유머러스한 사건이 이어지는데, 대부분 악한의 뉘우침과 결혼으로 끝난다. 현재는 독립적인 몇 개의 이야기를 모아 끝에는 어떤 계통을 세운 소설의 유형을 이르는 말로 그 뜻이 바뀌었다.

24. 중국의 인민 해방군을 달리 이르는 말.

25. 중화인민공화국이 농촌 행정 경제의 기본 단위로서 1958년에 설립한 기관. 국가계획 경제의 말단 조직으로 생산력 향상을 위해 필요한 노동력과 자본을

집중적으로 활용할 것을 목적으로 삼았으며, 1980년 무렵부터 경제적인 역할의 비중은 낮아졌다.

함께 읽으면 좋은 길라파고스의 책들

『왜 세계의 절반은 굶주리는가?』

-유엔 식량특별조사관이 아들에게 들려주는 기아의 진실

장 지글러 지음/ 유영미 옮김/ 우석훈 해제/ 주경복 부록/ 202쪽/ 9,800원

* 한국간행물윤리위원회, 책따세 선정도서/ 법정스님, 한비야 추천도서

120억의 인구가 먹고도 남을 만큼의 식량이 생산되고 있다는데 왜 하루에 10만 명이, 5초에 한 명의 어린이가 굶주림으로 죽어가고 있는가? 이런 불합리하고 살인적인 세계질서는 어떠한 사정에서 등장한 것일까? 그 책임은 누구에게 있을까? 학교에서도 언론에서도 아무도 알려주지 않는 기아의 진실! 8년간 유엔 인권위원회 식량특별조사관으로 활동한 장 지글러가 기아의 실태와 그 배후의 원인들을 대화 형식으로 알기 쉽게 조목조목 설명했다.

『탐욕의 시대』

-누가 세계를 더 가난하게 만드는가?

장 지글러 지음/ 양영란 옮김/ 364쪽/ 15,000원

세계는 왜 점점 가난해지는가? 이 세계의 빈곤화를 주도하는 자들은 누구이며 부의 재편은 어떤 방식으로 이루어지는가? 그리고 기아와 부채는 가난한 자들의 발목을 어떻게 옭아매고 있는가? '신흥 봉건제후들'이라 불리는 거대 민간 다국적 기업들과, IMF, IBRD, WTO 등 시장원리주의와 세계화를 맹신하는 신자유주의적 국제기구들, 전쟁과 폭력의 조직을 일삼는 '제국'들, 부패한 권력층의 실체를 고발하고, 그에 대항한 전 세계 시민들의 즉각적인 연대를 촉구하는 장 지글러의 역작.

『빼앗긴 대지의 꿈』

-장 지글러, 서양의 원죄와 인간의 권리를 말하다

장 지글러 지음/ 양영란 옮김/ 312쪽/ 12,800원

* 2008년 프랑스 인권저작상 수상작/ 한국인권재단 선정 2010년 올해의 인권 책

과거 서구 제국주의의 침략과 수탈에 의해 현재까지도 비참한 삶을 이어가고 있는 남반구 22억 사람들의 뼈아픈 기억과 그로 인해 위기에 봉착한 오늘의 세계를

이야기한다. 동시에 서구 열강에 대항해 세계 곳곳에서 기적처럼 되살아나는 연대와 혁명의 움직임까지 장 지글러 특유의 격정과 논리로 강렬하게 포착해내고 있다.

『푸코, 바르트, 레비스트로스, 라캉 쉽게 읽기』
-교양인을 위한 구조주의 강의
우치다 타츠루 지음/ 이경덕 옮김/ 224쪽/ 12,000원
구조주의란 무엇인가에서 출발해 구조주의의 기원과 역사, 그 내용을 추적하고, 구조주의의 대표적 인물들을 한자리에 불러 모아 그들 사상의 핵심을 한눈에 들어오도록 정리한 구조주의에 관한 해설서. 어려운 이론을 쉽게 풀어 쓰는 데 일가견이 있는 저자의 재능이 십분 발휘된 책으로, 구조주의를 공부하는 사람이나 구조주의에 대해 알고 싶었던 일반 대중 모두 쉽고 재미있게 읽을 수 있는 최고의 구조주의 개론서이다.

『지식의 역사』
-과거, 현재, 그리고 미래의 모든 지식을 찾아
찰스 밴 도렌 지음/ 박중서 옮김/ 924쪽/ 35,000원
* 한국간행물윤리위원회 선정도서/ 한국경제신문, 매일경제, 교보문고 선정 2010년 올해의 책
문명이 시작된 순간부터 오늘날까지 인간이 생각하고, 발명하고, 창조하고, 고민하고, 완성한 모든 것의 요약으로, 세상의 모든 지식을 담은 책. 인류의 모든 위대한 발견은 물론이거니와, 그것을 탄생시킨 역사적 상황과 각 시대의 세심한 풍경, 다가올 미래 지식의 전망까지도 충실히 담아낸 찰스 밴 도렌의 역작이다.

『촘스키처럼 생각하는 법』
-말과 글을 단련하고, 숫자, 언어, 미디어의 거짓으로부터 나를 지키는 기술
노르망 바야르종 지음/ 강주헌 옮김/ 352쪽/ 13,500원
생각의 주인으로 살고 싶은 교양인을 위한 지적인 자기방어법 강의. 언어, 수학, 심리학, 과학, 미디어 등 각 분야를 두루 살펴가며, 비판적 사고를 하는 데 필요한 거의 모든 지식을 꼼꼼하게 정리했다. 여론 조작, 정치인의 허튼소리, 광고의 속임수, 미디어의 정보 조작을 꿰뚫어 볼 수 있는 도구들을 제공하는 책.

청년이여, 마르크스를 읽자
마르크스에게서 20대의 열정을 배우다

1판 1쇄 발행 2011년 12월 2일
1판 5쇄 발행 2021년 5월 10일

지은이 우치다 타츠루 · 이시카와 야스히로
옮긴이 김경원
편집 백진희 김혜원 | 디자인 가필드

펴낸이 임병삼 | 펴낸곳 갈라파고스
등록 2002년 10월 29일 제2003-000147호
주소 (03938) 서울시 마포구 월드컵로 196 대명비첸시티 801호
전화 02-3142-3797 | 전송 02-3142-2408
전자우편 galapagos@chol.com

ISBN 978-89-90809-40-7 03300

이 도서의 국립중앙도서관 출판시도서목록(CIP)은 e-CIP
홈페이지(http://www.nl.go.kr/ecip)와 국가자료공동목록시스템
(http://www.nl.go.kr/kolisnet)에서 이용하실 수 있습니다.
(CIP제어번호: CIP2011005019)

갈라파고스 자연과 인간, 인간과 인간의 공존을 희망하며, 함께 읽으면 좋은 책들을 만듭니다.